VISIONARY
BUSINESS

ビジョナリービジネス

明確な
ビジョンを描けば
ビジネスは
必ず成功する

マーク・アレン［著］
MARC ALLEN
ビジョナリーパートナー 和仁達也［訳］

総合法令

訳者まえがき

本書は、夢みる起業家が、人生の目的を見出し、それをビジネスを通して実現させていく姿を描いた、実話にもとづく物語です。過去の延長上ではなく、またライバルとの比較でもなく、あくまで自分のビジョンからの逆算で今をみつめ、前進し、バランスのとれた人生を味わっていきたい人にとって、とても示唆深い内容になっています。

特に、起業を志している人や起業後まもない社長にとっては、どのようにビジネスを組み立て、軌道に乗せていけば良いのかを、自分を登場人物に投影しながらイメージさせてくれる絶好のガイドになることでしょう。また、すでに経営に携わって何年も経っているものの、次の目標を見出せずに漠然とした不安感、焦燥感にかられている経営者にも、新たな視点を切り開いてくれることでしょう。

右肩上がりの成長を前提とした価値観のまま突き進んだ経営者が、ある時期から業績が急降下したり、思わぬ不祥事で突然失脚する姿を連日のようにニュースで見る時代になりました。「どうしてこのようなことが起こってしまうのだろう?」と不思議に思っていたところ、一つのことに気がつきました。それは「一見、うまくいっているように見えても、重大な何かが欠落していると、空中分解する」ということ。その答えが本書の中に盛り込まれていると私は感じ取りました。

私は開業したての頃、この本を何度も読み返し、赤ペンで気づきを誌面が真っ赤になるまで書きなぐりました。そのおかげで、危機的状況に陥ったときでも、重大なものを失わず、これまでやってこれたと思うのです。そして、それをもっと多くの人たちにも伝えたい、そう思い、自身のコンサルティングやセミナーの中でそのエッセンスを伝えてきました。そのおかげもあってか、おつき合いさせていただいているクライアントも素晴らしい方たちばかりで、今もなお成長し続けています。その理由が、この本にそのまま書かれています。

私は著者のマーク・アレンに、「なぜ本書を執筆しようと決意したのか?」と尋ねました。彼の答えは意外なものでした。

　この本は、はじめは自社の従業員向けの本として書いたそうです。そして会社が発展する中で、新しく入ってくる従業員に、会社の歴史とビジネス成功の秘訣を教えるためのガイドブックとして配ったのだそうです。それが、書き進めていくうちに、自社以外の人たちにも有益であることに気づき、出版に至ったのです。

　彼は言いました。

「もし私が起業したときにこの本が手元にあったなら、最初の5年間をもがき苦しむことはなかったたし、たくさんの高くついた失敗をせずに済んだのになあ！」

　本書はこれまでアメリカ以外でも数カ国で翻訳出版されたロングセラーで、初版から10年以上が経過した今でもなお、読者からお礼と感激のメールがマークに届くそうです。

　この本が出版されたら、私はまず自分の仲間と顧問先に配り、最優先で読むよう強く勧めるつもりです。1年近くに渡る翻訳作業の間、私は並行して本書のエッセンスを吸収し、自分の日常生活やビジネスに取り入れてきました。そのプロセスはこれからも続くと信じています。

そして次は、本書を手にしたあなたに、ビジョナリービジネスの考え方が、夢と勇気と希望をもたらすことを願っています。

ではページを開いて、著者マーク・アレンからのメッセージをお聞きください。

ビジョナリーパートナー　和仁達也

夢みる勇気と、他人の夢を応援する知識・寛大さ・ハートを持つ人たちすべてに、この本を捧げます。

あなたの大志をけなそうとする人を相手にしてはいけない。それは、つまらない人だ。本当に偉大な人は、君もまた偉大になれると感じさせてくれる。

――マーク・トウェイン（『トム・ソーヤの冒険』などの著名な小説家）

はじめに――ビジョナリービジネスの究極の目的とは

これからお話しする物語は、多少のフィクションを交えてはありますが、本当にあった話です。本書に登場する叡智の人物、投資家バーニーも実在の人物です。

ただし、彼の人格は、私が幸運にも知り得た他の数名の知人たちと合わさってしまっていますが。

その中の一人であるマイケル・ブリスは素晴らしい男で、私がはじめて会った当時、弱冠（！）90歳でした。

その年齢を微塵も感じさせない若々しいマイケルは、ピアノやチェロを教え、カリフォルニア州マリブにある小さな自宅に集まってくる人々すべてを啓発していました。

私は本書において、歴史的な事実を正確に伝えるよりも、ビジョナリービジネスの鍵と法則についてに、より焦点を当ててお伝えしたいと考えています。その鍵とは、この20年以上の間に、様々な形で一つひとつ私に与えられたものです。

この本が、多くの人々のビジネスと人生の質に進化をもたらすことが私の願いです。そして、それによってこの世の中があらゆる面でより良いものになることを願っています。というのも、ビジョナリービジネスの究極の目的は、心からやりたいことをしながら、神が創ったすべての生き物が平和と豊かさのうちに生きられるように、世の中を変えることだからです。

マーク・アレン

目次

装　幀　岩瀬　聡
目次・章扉デザイン

Key 1

『理想の状態』をビジュアル化する

数年前、数名の友人の助けを得て、僕は自分の事業を始めた。

僕とその仲間たちはその他大勢のスモールビジネスの創設者と同じく、夢に満ちていたが、本当の意味でのビジネス経験には乏しかった。アイデアは沢山あったが、現金は全くなかった。どれだけ過酷な労働でもいとわなかったが、収入が支出を上回ることはなく、深刻な資金不足に悩まされるということで時間の大半を費やすような状況だった。


僕たちは壮大な志をたくさんかかげていたが、きっちりとしたミッション・ステートメントとしてそれを紙に書いたことはなかった。望みは高かったが、それらをビジネスプランとして書面にまとめるというようなことは考えもしなかった。


僕たちは小さな事務所を立ち上げ、まずは仕事で必要な最小限の家具を揃えた。

僕たち三人全員がパートタイマーとして、ほかに仕事を持ち、そこで稼いだお金をすべてこのビジネスに投下した。

そして三人の貯金（といってもたかが数千ドル程度のものだが）は、またたくまにその会社に消えていくこととなった。

数人の友達や会社関係者が投資をしてくれ、また数名の人がお金を貸してくれたものの、そのお金もあっと言う間に消えてなくなり、僕たちはすぐにまた資金繰りに苦しむ日々を送ることとなってしまっていた。

投資してくれた人たちに対しては、会社の所有権を持たせる約束だったので、株式会社を設立するとすぐに、彼らはいくらかの株を所有し、株主になるはずであった。

しかし、1ヶ月経ち、2ヶ月が経ったが、一向に株式会社を立ち上げることはできないでいた。僕たちは、あまりにも膨大な量の、取り組むべき決して終わらない日常業務に飲み込まれていて、長期のプランを実行できずにいるような状況であった。

あるとき最初の従業員の一人が退職した。この会社にいることが、あまりにもストレスが多い割に、安定性がなさ過ぎると感じていたようなのだ。彼は給料日のたびに受け取った小切手が不渡りにならないかを心配したくはなかったのだろう。僕は彼を責めることはできなかった。なぜなら彼はこの会社でその心配を払拭できるほどの報酬を受け取っていなかったのだから。

実際、誰もがそうだった。しかし、少なくともオーナーである僕たちは、曖昧な空想の未来に、なにがしかの可能性を感じ取ることはできていた。

僕のもう一つの仕事は、自由に調整の利くアルバイトだったので、ほとんど事務所に入りびたり、フルタイムで働くことができた。

僕はいつも、朝と午後に1回ずつ、たとえわずかな時間でも散歩をしに、オフィスを出るようにしていた。何かにつけ、ちょっとした用事を見つけては出かけ、時々近くを歩き回るようにしていたのだ。なぜなら、僕には、事務所から出て、考えごとをする必要があったからだ。たびたび襲い掛かってくる、無数の細かな雑務と恐怖を、頭から追い払うために。

ある朝、事務所を出ると、通りの向い側のベンチに腰掛けた老人を見かけた。身じろぎもせずに、ある空間を、遠いまなざしでじっと見つめていた彼の姿が印象的だった。

用事を終えて戻ってきたとき、彼はまだ全く同じ場所で座っていた。少なくとも30分以上は動かずにじっとしていたことになる。彼は我々の事務所の方向を見ていたが、彼のまなざしは何か先を見通しているような、独特な焦点の当て方をしていたようだった。

彼の目と表情は何かを連想させたが、僕はそれが何かを思い出せなかった。穏やかで、何かを映し出しているようだったが、若干悲し気にも見え、しかし同時にユーモアも感じさせた。

そして、彼の目を見ていて思い出した。うちの整理ダンスの上にかざってあるヨーダの人形だ。映画「スター・ウォーズ」に登場するジェダイマスターの、ヨーダに似ている！

僕はそれ以降、数回彼を見かけることとなったが、彼はいつも同じ場所に座っていた。僕は彼が動いているのを見たことがなかった。身じろぎもせず、静かにしている彼の姿はとても印象的で、僕の頭にひっかかっていた。

そして、ある日、とうとう彼は通りをまたいで、僕たちの小さなオフィスのドアの前まで歩いてきたのだ。それは美しい春の日だった。もっとも、外の陽気を気にとめる余裕は僕にはほとんどなかったのだが。
　僕の全神経は、その日の会社の危機に集中していた。今ではそれがどのような危機だったのか思い出すことができないが、いつも何か問題を抱えていた。僕たちがいつもやっていたことは、危機管理だった。次から次へと問題が起こり、それが途絶えることはなかった。

　彼は、招待されたわけでもなく、また全く予想しないうちに、どんどん僕の会社に入ってきた。彼は茶色の古めかしいスーツに、茶色の靴という、かなり落ち着いたいでたちだった。当り前だが、誰も彼が何者か知らなかった。
　彼はドアのそばに立ち、手をポケットに入れ、注意深くオフィスの中を見回していた。まるで誰かとアポイントをとっていて、そこが歓迎されるべきところだと期待しているかのような様子に見えた。

　鋭い風貌で、白くウェーブがかった髪は、たっぷりのジェルかグリースでぴったりとオールバックにセットされ、肌はピンと張りがあった。

彼は老人だったが、年齢を言い当てることはできなかった。最初、彼の顔にはしわがないように見えたが、よく見ると光に照らされたデリケートな皮膚は、細かなしわで覆われていたのがわかった。


僕は彼のところに歩み寄ってたずねた。

「こんにちは。どんなご用件ですか？」

「さあ、どうかな」彼は静かな微笑みを浮かべて答えた。「用があるかもしれないし、ないかもしれない」。

そして彼は手を差し出してきた。「バーニーといいます」。

僕は彼の手をにぎった。指は長く、繊細で冷たかった。しかし不思議とその老紳士に対して、何か親しみと温かみを感じた。彼にはこちらの気分をすぐに楽にするような雰囲気があった。

「僕はマークといいます」

「素晴らしいスモールビジネスをここでなさっているようですね」

「え？　あ、まあ…。今、始まったばかりですが」

「ビジネスを始めて、どのぐらいになるのかね？」

「僕たちがこのオフィスを持って、6ヶ月になります。仕事自体は1年以上になりますが」

「事務所の家具や備品の選び方が、なかなかいいですな」


彼は静かに微笑みながら言った。僕には彼が冗談を言っているのかどうか、よくわからなかった。事務所の家具はフリーマーケットやガレージセールで一番安かったもので、あとは僕たちのアパートの残り物がいくつかあるような寄せ集めだった。


「ローコストで始めようと思いまして」

「私が気に入ったのは、そこですよ。立ち上げたばかりの会社が、有り金を家具にすべて投下してしまうのを、私は何度も見てきた。私が投資したある会社では、二人のオーナーがメルセデスベンツを買い、オーダーメイドのオーク材の机をこしらえ、壁には美術品をたてかけていた。全く、信じがたい！　彼らはオーダーメイドの本棚まで持っていた。彼らに言ってやりましたよ。家具ではなく、ビジネスにお金を使うべきだとね。彼らは私に自分たちのやり方が正しいと主張してね。そして、結局彼らはその年を越す前に破産してしまった。彼らは未来に投資しなかったんだ」

彼は話をやめ、事務所の中を見渡した。

「立ち上げ段階としては、あなたは賢いお金の使い方をしていますね。唯一お金を使うべきものは、お金を生み出すものに対してだけです。そして、あなたが十分な余裕が持てるようになるまで、メルセデスを買ってはなりませんぞ」

彼の話は僕の興味を引いた。でも僕は何を言って返せばいいのかわからなかったので、会話に静かな沈黙の間が生まれてしまった。僕はそれをちょっと気まずく感じていたが、彼はそれを気にするでもなく注意深そうに僕を見ていた。かすかな微笑みを浮かべながら。

何かを査定しているかのようにも感じたが、それが何なのか、よくわからなかった。

「あなたは投資家を探してはおらんかね？」彼は尋ねてきた。まるで、人に時間を尋ねるかのような何気ない口ぶりで。

「あの、ええ、確かにそれなりの資金を必要としています」

「ビジネスプランはあるかね？」

「あ、いえ、ありません。アイデアはたくさんあります。そして、プランも。でも、紙に書いたものは何もありません。まだ……」

僕は、二人ともドアのそばで何かぎこちない感じで立ちっぱなしであったことに突然気がついた。少なくとも僕は気まずく感じたが、バーニーは手をポケットにつっこんだまま、きわめて気分がよさそうだった。

「よろしければコーヒーでもいかがですか？　どうぞ、お掛けください」

「ああ、ありがとう。そうさせてもらいますよ」

事務所の中を簡単に案内したあと――もっとも、全体を見てまわっても、たいした時間がかからないのだが――僕たちはコーヒーを手に取り、小さな事務所の応接間に腰掛けた。バーニーはコーヒーにたっぷりとミルクと砂糖を入れて飲むのが好きだった。彼がそれをかき混ぜたとき、手元のカフスボタンに目が止まった。大きな1オンスの金貨だった。そして彼のネクタイピンも、僕が今まで見たことがないほど大きな金塊でできていた。

彼は単刀直入にビジネスの話に切り込んできた。「あなたにはプランが必要だ」彼は言った。「私は投資するかもしれないし、しないかもしれない。あなたは私のことを知らないだろう？　私はコーヒーをタダで一杯飲みにきた、風変わりな浮浪者かもしれないよ」。

彼は不可解な笑みを浮かべながら言った。彼の真意は何なのか？　僕にはわからなかった。

「でも、それはたいした問題ではない。私がここにちょっと立ち寄ったことは、きっとあなたに時間を取らせるに足る意義あるものになると思うよ。

投資家にせっつかれる前に、あなたにはしっかりとよく考え抜かれたビジネスプランを用意することが必要だよ。

それは投資家を必要とするか否かに関わらず、すべてのビジネスにビジネスプランは必要なんだ。

ビジネスプランのないビジネスは、航海図を持たずに海に出る船のようなものだからね。その船は、どこに行くかの方向も決まっていないので、どの目的地にたどり着くこともなく、目的もなしにただフラフラとさまようだけだ。まあ、それはまだ目的地が定まっていないのだから当然のことだけどね。


プランは、長々としたものである必要も、複雑である必要もない。しかし、あなたにとって、そして他の関わる人たちにとっても明瞭であることが必要だよ。そして、もちろん、それが紙に書き記されたものであることもね。

まずは、1枚の紙に簡潔なミッション・ステートメントを書くことから始めるといい。そこではまずできる限り理想的で、雄大なものを書きなさい。

そして、あなたのビジネスは何なのか、そして会社として何をするのかを書き記すんだ。それからあなたの現在の立ち位置を明確に書きなさい。

あなたのまわりには誰がいるのか、そしてあなたは何をするのか?

1年後、2年後、そして3年後にどうなっていたいのか?

そして、その上でそこに向かっていくための地図を示すことが必要だよ。


最初は、できる限りシンプルに、そしてできる限り簡潔な言葉で書くんだ。そして次に数字で表す。今後5年間のキャッシュフロー計画表をつくり、どれだけの資金が必要なのか、そしてそれを使って何をするのか、そしてその結果がどうなると考えているのか、それを明確にすべきだよ」


「わかりました」僕はノートを開いて、メモをとり始めた。この男はおかしな人かもしれないが、これはとても良いアドバイスだ。

「しかし、私はあなたがそのプランをつくり始める前に、あることを最初に提案したい。それは、あなたのプランやその他のことも含め、とてもあなたの力になる素晴らしい演習だよ。ここでは、何人の人が働いているのかね?」

「全員で5名です。あと、パートで経理担当者がいます」

「オーナーは何人？」

「我々三人が会社を創設しました」

「他の二人は従業員かな？」

「はい、オーナーはまだ会社から何も受け取っていませんが」

「どのように創設したのかな？　共同経営かい？」

僕は答えるのを躊躇した。「はい、きちんとした同意がとれているわけではありませんが」。

バーニーは妙に冷静に僕を見た。彼の目の色は薄いグレーで、冷たい光を放っているように見えた。

「共同経営は、うまくいかないよ」彼はストレートに言った。

「どういう意味ですか？　共同経営で成功した例はたくさんあると思いますが」

「じゃあ、二つほど例をあげてみてくれるかな」

僕は笑った。成功した共同経営の例が世界中にたくさんあることは、たしかだった。しかしそのときは、いくつも思いつかなかった。バーニーは僕がきまりが悪く感じているのを見て楽しんでいるようだった。

「例えば法律事務所はどうですか？　会計事務所も？」僕は答えた。

「彼らは共同経営でしょ？」

「ああ、共同経営として組織化されて成功しているビジネスはたくさんある。しかし、彼らは共同で経営しているわけではない」

彼の言っていることは無茶苦茶で、矛盾していた。

しかし、彼は、まるでそんなことはわかりきった話だろう、というかのように言い放った。

でも、僕にはわからなかった。

「どういう意味ですか？」

「共同経営は、結局のところ、通常二人かもっと多くの人たちが責任者である、という意味だよ。特に会社にとっては。そうだね？　そして、しばらくすると、経営上の意志決定において、二人以上の人間は、どんなことに対しても同意できなくなり、意見が分かれることになる。常に反対意見が出るし、衝突も起こる。たとえ法的にはビジネスが共同経営として組織されていたとしても、一人の人間が社長として最終意思決定をしなければならない。その一人がビジネスの成功も失敗も、責任を持たなくちゃならんのですよ」

彼のやけに一般論的な見解には、賛同しかねる気がした。

「なぜですか？」

「なぜなら、共同経営はうまくいかないからだよ」そう言って、彼は微笑んだ。そして今にも声をあげて笑い出さんばかりだった。彼の自信たっぷりな様子は、少ししゃくにさわった。また、彼の屁理屈にも。


「ちょっと伺うが、あなたの会社では、経営者の一人がその案件については別の人に責任があるとみなし、またその人も同様に考えて、重要な案件がほったらかしになっていた、ということは何回あるかな？　それとも、そういうことは起こったことはこれまで全くなかったかな？」

それは、1度ならず何度かあった。

「それは共同経営なら当たり前だよ」彼は言った。

「そのビジネスの全体図について、完全に責任を持つ人がいない。だから、案件がほったらかしにされてしまうんだよ。ボールを取りこぼす。なぜなら、飛んでいるボールを最初からゴールまで責任を持つ人が一人もいないからだ。

そして、さらに必ず起こることがもう一つある。それは、ある一人の経営者には、『自分は他の経営者よりも多くの時間とエネルギー、そしてさらにはお金さえも投下していると感じる』ということが必ず起こる。決して同じバランスになることはない。それは不可能だ。一人の人がいつも他の人よりも大きな労力を費やしていると感じるんだ」

僕は自分もまさにそのように感じていたことに気づいた。

「株式会社を設立し、一人に責任を持たせるといいよ。あるいは、もし株式会社を設立するのが時期尚早と感じるようなら、少なくとも誰かを社長として選ぶことだ。メンバーの中の何人かは、『そんなのは階層的で嫌だ』と言って、抵抗するだろう。しかし、私は自分の経験でわかったんだ。責任者を一人にすることは、実用的で効果がある。

それから、責任者を一人に決めるといっても、必ずしも階層的である必要はないよ。社長は常にボスとして、他のすべての人に指示する、という関係にしなきゃいけないわけじゃないんだ。ただ、トップ一人が成功のビジョンを掲げて、そのビジョンが現実化することに責任を持つ必要があるんだよ。

他の人たちは役員になるといい。それぞれの専門分野を活かして部門のトップになることもできる。ただし、それはトップ一人の責任によってストップをかけるようにしておかなきゃいけない。

もしあなたが平等主義だかなんだかを貫きたいなら、あるいは強いリーダーが二人いるなら、リーダーの役割を順番に交代することもできる。しかし、どのときにも、常に責任を持つのはトップ一人でなければならないのだよ」

「おっしゃっている意味がわかりました」

「よろしい。では、あなたがビジネスプランをつくる前に、宿題を出そう。それは、誰が社長になるべきかを決める際にきっと役に立つだろう。またそれは、ビジネスプランをつくる上でも確実に役に立つと思うよ。

社員全員を集めて、ミーティングをする。もし従業員にとってそれをするのが心地良くないようなら、少なくともオーナーは全員参加しよう。そして、今から5年後に何をしていたいかを、すべて紙に書き出すんだ。

ビジネスは計画通りにうまくいっているとみなしなさい。

実際、すべてのことが素晴らしくうまくいって、あなたの壮大な夢を超える成功を成し遂げた、という前提でね。

そのとき、自分に問いかけるのだ。『自分は何をしていたいのか』と。

理想の状態はどのようなものか？　お金が全く問題でなかったとしたら、もしあなたが望む生活がすべて叶うとしたら、それはどのようなものだろうか？　紙に書き出してみなさい。そして、それをお互いに読みあう。ビジネスプランを作る前に、それをやるのです。あなたは意外な事実を知ることになるだろう」

老人はコーヒーを飲み終えた。僕たちは名刺を交換し、彼は部屋を去った。僕はまだ彼のことをどう思っているのかよくわからなかった。彼は不思議の世界に住む老人のようだった。

彼は名刺を持っており、そこには、

「UIC　ユニバーサル・インベストメント・コーポレーション」

とあった。

何だか信頼できそうに感じた。住所と電話番号によると、それはホテルのスイートルームの一室のようだ。


僕たちはバーニーが提案した「理想の状態をビジュアル化する」という宿題を行った。小さな会社に所属する僕たち五人は、「5年後にどのような生活を送っていたいのか」を紙に書き出した。すべてのことが想像したようにうまくいくという前提に立ちながら……。


結局、バーニーは正しかった。

僕たちはいくつかの意外な事実を知ることになった。

5年後にそのビジネスをやり続けたいと考えていたのは、三人のオーナーのうち、僕だけであったことがわかったのだ！　他の二人はこのビジネスを、他の創造的なキャリアを積むための踏み台として利用したいと考えていたのだ。

もしこのプロセスをやっていなければ、僕たちは自分のことも仲間のことも、そこまで明確に理解することはなかっただろう。

それは、僕たちの将来だけでなく、現状の役割についてもすっきりと見通す手助けとなった。結局、僕は新商品開発を担当しつつ、この会社の社長になることにした。他の二人は、マーケティング責任者と運営責任者として、副社長になった。

そしてビジネスプランを書くことは社長である僕の責任となった。もちろん、友人たちの多大なる協力を得ての話だが。

〈Key1のクイック・レッスン〉

□ 立ち上げ初期段階の会社は、『お金を生むもの』にだけお金を使う。

□ 投資家を必要としているか否かに関わらず、すべての会社にはビジネスプランが必要である。プランのないビジネスは、航海図を持たずに大海原をさまよう船のようなものだ。

□ ビジネスプランは、長く複雑なものである必要はない。しかし、それは書く人にもそれを読む人にも、読んでわかるように明瞭に書かれていなければならない。最初にビジネスの内容と、現在の状況について書く。そして、1年後にどこに到達していたいのか、2年後、そして5年後というように将来のゴールを描く。そして、そこにたどり着くための道筋を描く。
まず、それをできるだけシンプルに、言葉で表現する。次にそれを数字で表す。

□ ビジネスプランの冒頭に、簡潔でシンプルなミッション・ステートメントを書く。それは、できるだけ理想的で、望む限り壮大なものにする。ミッション・ステートメントは、会社がやるべきことに集中するための助けとなり、会社が進む方向を左右し、会社の成功のレベルさえも決める重大なものである。

□ 共同経営は、特別な状況を除いて、ほとんどはうまくいかないと認識する。共同経営で運営されるビジネスのほとんどはうまくいっていない。ビジネスの成功と失敗において全責任を持つのはトップ一人であるべきである。

□ ビジネスオーナー、そしてできればすべての従業員も同様に、紙に各自の「理想の状態」を思い描いて書き出す。そして、そのノートを見比べてみる。ビジネスが計画通りにいったとして、今から5年後に何をしていたいのか？　実際、すべてのことが不思議なほどにうまくいったとして、そして大いなる夢をはるかに超える成功を手にしたという前提に立って考える。生活はどうなっているのか？　何をしているのか？　どこに住んでいるか？　典型的な1日はどのようなものか？

このシンプルな演習は、ビジョナリービジネスのためのパワフルなツールとなる。

Key 2

スッキリと先の先まで見通せるビジネスプランを描く

ビジネスプランを策定するのは簡単な仕事ではない。収支計画や財務計画は特に難しい。僕は現実味のある計画をつくるために、非常に多くの人々から多大なる手助けを必要とした。それは、思っていたよりもはるかに時間がかかった。

バーニーは、最初の1～2年は毎月の計画をつくり、それ以降は四半期ごとに計画をつくるようにアドバイスしてくれた。できる限り正確に、考えうる支出をすべて想像しなければならなかった。財務は決して得意分野ではなかったので、それらの計画づくりは僕にとって全く楽しいものではなかった。

僕は何か、すべてがひっくり返ってしまうような重要なことを忘れているような脅迫観念が続いていた。

そして考えるたびに、どんどん新しい支出が見つかった。それは途方もない金額に膨れ上がるように思えた。

税金には、連邦政府、州、郡の税金、そして消費税があった。支出のリストに追加されるものは、永遠に続くように思えた。保険も、今以上にもっと必要だ。そして、税理士や弁護士のアドバイスも……。

収入の計画は全く思いつきもしなかった。5年後に僕たちがいくらの収入を得るかなんて、一体誰が知っているっていうんだ？

では1年後は？　6ヶ月後は？　僕は全くのゼロから予測を立てながら、その数字があまりに楽観的過ぎるのではないかと不安で仕方がなかった。

しかし、もし楽観的に考えなかったら、今度はどうやって利益を生み出せばいいのか、全く見通しが立たない。不安と葛藤にさいなまれ、夜も眠りにつけなかった。

その作業を終えるのに、結局3ヶ月以上かかった。その間バーニーからは何の連絡もなかった。

あるとき僕は彼に電話をかけてみたのだが、残念ながら留守電になっていた。そこでメッセージを残しておくと、バーニーは翌日折り返し連絡をくれ、ビジネスプランを持って彼のオフィスに会いに来るように言ってくれた。

僕は、その日がなんだか特別な日のように感じたので、ジャケットとスラックス、そしてネクタイをきちんとしめて出かけることにした。

バーニーの「オフィス」は、ホテルの中二階にあるスイートルームだった。ドアの正面には、ロビーを見渡せる大きなバルコニーがあった。バーニー曰く、

「ルームサービスが頼めるから、ホテルの中にオフィスを構えるのが好きなんだ」

とのことだった。

早速僕たちはバルコニーの大きな椅子に座り、ランチを食べることにした。

バーニーは白いパンではさんだハムサンドイッチを食べ、そしてミルクと砂糖を大量に入れてコーヒーを飲んでいた。


僕は不安と緊張の中、彼にビジネスプランを手渡した。

そのプランの、特にキャッシュフロー計画によると、僕たちがゴールに到達するため以前に、ビジネスを継続するためだけにも、今すぐに大量の資金投下が必要な状況であった。外部からの資金援助がなければ、先の見通しはかなり暗いものだった。

バーニーはほとんどの部分をつまみ読みしながら、それをすばやく読み通した。

そして財務のページにはより緻密に目を通していた。

ほとんどの数字はざっと目を通し、いくつかの特別な数字はより入念に見つめていた。

僕は彼がそれを静かに読むのをそわそわしながら座って待っていた。


「とっかかりとしては、いいでしょう」

ようやく彼は言った。しかし、目はまだ数字をじっと見つめていた。

「宿題はやった、という感じかな」

僕は微笑み、ちょっとは自信を取り戻した。

「しかし、書き直しをしてもらいたい」

僕の自信は、すぐに地に落ちた。

「何か間違っていましたか？」

「何も重大な間違いはないよ。しかし、これは不測の事態を考慮していないね。ものごとが予期した通りにいくことは滅多にない。いつも予期しない偶発的なできごと、思いもよらなかった問題が起こる。そして、そうしたことにはたいていは、相応のお金がかかるのだよ。

私はこんなルールを持っている。すべての立ち上げ初期のビジネスは予想していた2倍の時間、2倍の出費を伴う。これは悲観的に聞こえるかもしれないが、経験から言えることなんだ。

立ち上げ初期の小さな会社が直面する唯一のもっとも重大な問題は、こうだ。

彼らはいくらかのお金が必要と計画を立てる。そして、彼らはその収入を上げる。そしてそれを使ってしまってから、よりもっとお金の注入を必要とする。

しかし、投資家はもう我慢の限界に達してしまっているか、あるいは当初言っていた業績にちっとも到達しない会社にすっかり信頼をなくして、もうこれ以上は投資する気がなくなっているか、どちらかだろう。

90％のところまでうまくいっていて、残りのたった10％の資金が足りなかったために倒産した会社を、私はたくさん見てきた。井戸の底は乾き切った。彼らは投資家の信頼を失ってしまったんだよ。

プランは現実的なものにしなくちゃいけない。予期しなかったあらゆることが起こっても、十分にカバーできるくらい十分な資金がいくらになるかを明確にしなさい。そして、経費のページの最後に、あと15%程度を予備費として加えなさい。いいね？」

「わかりました」

僕は計画を書き直すことを思うとあまり気が晴れない思いだった。そして、もしバーニーの提案通りに行えば、とても集められないぐらいの巨額のお金が必要になるだろう。そう感じずにはいられなかった。

そして、もう一つの恐怖があった。それを考えると、何日もの眠れぬ夜を過ごすことになりそうだ。

もし本当に計画した額の2倍のお金を必要とするならば、まあ、おそらく必要になるに違いないのだが、投資家たちに投資額に見合う配当を還元できるだけの十分な利益を、一体どうやったらつくることができるのだろうか？　それが僕の心の中の葛藤、本当に大きなジレンマだった。バーニーはそんな僕の心を読み取っていた。

「多くの投資額が必要になるんじゃないかなんて、心配しなくていいよ。それに、この時点では、投資家への配当を心配する必要もない。それは投資する側が考えることだ。あなたに必要なことは、自分が実行できるプランをつくることだ。

よく考え抜かれたビジネスプランは、単なる資金を調達するための道具ではない。もっとはるかに重要なものなんだ。このプランはあなたの地図、未来を示すビジュアリゼーションだ」

彼はちょっと芝居がかった様子でそのプランを掲げた。

バーニーが「ビジュアリゼーション」と言うのを聞いて、僕は笑いをこらえることができなかった。それは、柄でもないというか、渋い茶色いスーツを身にまとった老人の言葉とは思えなかったから。

「描くビジョンが明快で、より具体的であればあるほどに、それを達成する可能性は高まる。財務的につじつまが合っているというだけじゃなく、これは実現できると腹の底まで納得させるようなプランが必要だ。あまりにも明快で力強いが故に、人の心の奥底にまで深く浸透し、宇宙全体があなたの望む結果をもたらすよう動かされてしまうような、そんなプランが必要なんだ。

プランは、起こり得るあらゆる対外的・対内的な障害を乗り越えられるほど十分な力強さを持っていなければならない。対外的な問題とは、資金不足やライバルとの競争、市場や経済の変化などだ。対内的な問題とは、あなたの中の恐れや疑い、自信や自尊心の欠如、経験や知識不足などだ」

熱く語るバーニーは、なにか、光を放っているように見えた。彼は話すほどにバイタリティーに満ち溢れ、20歳は若く見えた。

「このプランは、あなたの強力な潜在意識に行動を起こさせるパワフルなものなんだ！いったん明快なプランができあがれば、もう誰もあなたを止められない。止められるのは、あなた自身だけだ。あるいは、常識的な自然の摂理に反している場合だけだ。

いったん明快なプランができれば、成功したいという願望は意志に変わる。いったん成功への意志を持つと、発生し得る障害の90％は解決する。そして、残りの10％の障害は、それが発生した時点で同時に克服する方法も手にすることになる。実は、その障害はあなたにとってチャンスに変わるのだ。

このことを忘れてはいけないよ。願望を意志に変えるのだ。障害物や問題をチャンスに変えなさい。私の机の上には大きな文字でこう書いてある。

〝すべての逆境は、それと同等かそれ以上のチャンスを秘めている〟

別の聞きなれた格言で言えば、〝意志のあるところに道は開ける〟ということだ。これはことわざの中ではベストな部類に入るでしょうな。なにしろ、真実を言い当てているから」

彼は最初に会った日と同じような目で、僕を見た。まるで、僕の中の何かを査定しているように。

そして、「心配はいらないと思うよ」と、彼はあいまいに言った。

「さあ、ルームサービスでデザートでも頼もうか。あるいは、コーヒーのお代わりでも？」

〈Key2のクイック・レッスン〉

□ 明快で具体的なビジネスプランを書く。最初の1～2年は1ヶ月単位で、そしてそれ以降は四半期ごとに計画を立てる。

□ 予期せぬ不測の事態も考慮してプランに織り込む。起こり得るすべての費用を想像してみる。そして、トータルの支出にさらに15％程度を予備費として上乗せする。

□ 立ち上げ初期段階にあるすべてのビジネスは、予想する予算の2倍のコストがかかる。この経験則を覚えておく。スケジュールの遅れや予期せぬ出費があってもやっていけるだけの、十分な財源をそなえたプランにしておく。

□ よく考え抜かれたビジネスプランは、単に資金を調達するためだけのツールではない。それよりはるかに重要なものだ。それは地図であり、未来を写し出すビジュアリゼーションである。それが明快で具体的に描けていればいるほど、それを成し遂げる可能性も大きくなる。

□ビジネスプランは、対外的・対内的に発生するあらゆる障害物を余裕で乗り越えられるほど、十分に強力なものでなければならない。ビジネスプランは、それが強力な潜在意識を通して行動を起こさせるものであり、パワフルなツールだ。

□よく考え抜かれたビジネスプランは、成功したいという願望を意志に変えてくれる。いったん成功への意志を持てば、直面する障害物の90％は自然と解決する。そして、残りの10％の障害は、それが発生すると同時に解決策も手に入る。

□願望を意志に変える。障害物や問題をチャンスに変える。すべての逆境は、それと同等かそれ以上のチャンスを秘めている。昔からのことわざではこう言われている。

〝意志あるところに道は開ける〟

Key 3

自分にとっての、より高い目的を見つける

バーニーの話には、全く驚かされた。普通の人と見た目は変わらない、70歳はゆうに超えているであろうこの老人は、ビジュアリゼーションだの、潜在意識だのを語っている。それでも、彼の言葉は刺激的だった。そして彼のオフィスは、成功を成し遂げた証としてふさわしいものだった。僕はミーティングのあと彼の言葉を忘れないよう、ノートに書き留めた。

僕はビジネスプランの作成にとりかかり、納得がいくまでそれと格闘した。

実際にやってみてはじめて、僕はバーニーの言わんとすることを知った。

僕はそのプランが、これから起こる未来の姿をビジュアルで表すものであることを、どんどん深く理解していった。

最初の宿題で描いた「理想の状態」は、想像力を膨らませる価値のあるものではあったものの、あくまで幻想のレベルだった。

しかし、ビジネスプランをつくる中で、漠然とした幻想は、具体的で現実的なものに落とし込まれていった。

その計画を書き直し終えたとき、僕はまるですでに計画の半分は達成されたかのような感覚、もっとも難しいところ、重要なところはすでになしとげたかのような感覚を覚えた。そして「未来のビジョンあってこその未来なんだなあ」と実感した。

すべての成功するビジネスは、ビジョンに基づいている。

それが現実の世界で形となって目の前に現れる前に、誰かがまずそのビジネスの成長と発展を明快に想像するのだ。

僕はバーニーが言い続けていたことをよりはっきりと知った。夢や幻想、「理想の状態」として始まったものは、具体的な数字で示されたしっかりとしたビジネスプランに翻訳されなければならないのだ。これは幻想を具体的な現実に転換する力を与える作業なのだ。

僕は何度も書き直して仕上げたプランを持って、数週間後、再びバーニーを訪問した。僕はナーバスになっていた。なぜなら、以前よりも大きな資金を必要とすることになったからだ。しかし、その投資を受けることができれば、そのプランは確実なものだと言える、僕が想像し得るあらゆる不測の事態も考慮したものになっていた。少なくとも、自分ではそう信じていた。

　バーニーは以前と同じスーツ、同じ金のカフスボタンとネクタイを身につけ、ドアのところで僕を出迎えてくれた。僕たちはバルコニーの同じ椅子に腰掛けた。

　そして、彼は白いパンのハムサンドイッチとたくさんのミルクと砂糖を入れたコーヒーを注文した。

　そして以前と同様にすばやくプランを流し読みした。彼はほとんどを飛ばし読みし、ある部分では立ち止まり、その内容を注意深く見つめていた。

「なかなかよくできたねえ。フ〜ム……」

　僕は心配のあまりソワソワして、手にはじっとりと汗をかいていた。もし彼が投資をしてくれたら、僕たちはついに新商品の開発と、宣伝に必要な資金を手にすることができるのだ。借金を完済でき、定期的にやってくる、期限切れの返済の取り立ての電話に脅える必要がなくなるのだ。

　そして、ついに毎週、きちんと給料を自分たちに支払うことができるのだ。僕はパートタイムの仕事を辞め、このビジネスに専念できる。

バーニーはすべてを見透かしたかのように、僕をジロジロ見た。彼は再び、僕の中にある何かを査定しようとした。そして、尋ねた。

「この事業における、あなたの主たる目的は何だい？」

「主たる目的、ですか？」僕は思いがけない質問に戸惑った。注意深く答えなくては。

「このプランを通して、これだけのお金を調達することで、まあ、それができればだがね、なんらかの目的を果たしたいのだろう。それは何かね？ 大金持ちになりたいのかね？ 豪邸を手に入れて、優雅なリタイア生活を送りたいのかね？ それとも、優雅なリタイア生活を送りたいのかね？株主を大儲けさせたいのかね？ さあ、正直に話してくれるかい？」

選択肢はなかった。彼のまなざしに対してウソは言えなかった。しかし彼はとても難しい質問をしていた。

「僕の主たる目的を言葉にするとすれば、それは、非常にありきたりに聞こえるかもしれませんが、僕は人を助けたいのです。何か意味あること、深い意味があることをしたい。

それは人々が住みやすい世界をつくるのを手助けする、というようなことです」

僕はそこで、次の言葉を探した。バーニーは話を急かさなかった。沈黙の時間が流れた。

「僕が考えるに、今の時点でそれが主たる目的の定義に一番近いと思います」

それは僕としては、良い目的の定義とは思えなかった。プランの表紙に書いたミッション・ステートメントのことはすっかり忘れていた。しかしバーニーはさほど失望したふうでもなかった。


「いいね」彼は言った。

「あなたは正直だ。ビジネスにおいては、お金を稼ぐ以上の高い目的を持つことが必要だ。もし高い次元の目的を持つと、あなたの背後にあるあらゆる力が働き、そのゴールに到達するのをサポートしてくれるだろう。あなたはあらゆるところから力を受ける。あるものは計画通りに、あるものは思いがけない形で。

私はそれを神秘的だと思っているのだが、それをこれまでに何度も何度も体験してきた。もしあなたの目的が単にお金を稼ぐことだけだったならば、あなたは衰退して死ぬだろう。あなたがもしある程度の成功者となっても、あなたはまだ満たされることなく、そしてやがて衰えて死ぬのだ。そのようなこともまた、何度も何度も見てきた。

お金はビジネスにおいて、たしかに重要だ。しかしそれは副次的なものだ。お金はビジネスにおける生命線、血液のようなものだが、ビジネスが生き抜き、栄えるためには、より高い目的を持たなければならない。

ビジネスの目的はお金を稼ぐことだと信じている人はたくさんいる。私はそれが残念でならないんだ。だって、彼らには茨の道が待っているのだから。規模の大小はあれ、『株主利益の最大化』が口癖になっているリーダーが率いる会社をよく見かけるよね。その考え方は、会社にも、周りの環境にも、破壊的な結果を招く恐れがある。

そのような考えは、私に言わせれば、例えば『我々がこの世に生きている目的は、全身に血液を送り込み続けるためだ』というのと同じぐらいおろかなことだ。たしかに我々は生きていくために血液を全身に送り込まなければならないが、生きている目的はもっと偉大なことのためにある」

彼はプランに目を戻し、パラパラと手当たり次第にページを開いて目をやった。

僕はとっても緊張した。彼が価値あるアドバイスをしてくれていることはわかっていたが、とても集中できる精神状態ではなかった。


「人はみな、それぞれ違う」

バーニーは再び僕をふり返り、有無を言わさぬ口ぶりで言った。

「そして人は、それぞれが生きていく上で、独自の目的を持っている。そして、その目的を果たすために、それぞれにユニークな才能や能力を与えられてきた。あなたができることもあるし、私ができることもあるが、それらは他の誰かが全く同じ方法でやれることではない。私たちは皆、この自然の贈り物を受け取っている。それが何かを見つけるのが難しいことがある。あるいは、それが簡単にできてしまうが故に『当たり前のことだ』とみなし、ありがたい贈り物であることに気がつかないこともある。

誰もが皆、自分の人生の目的を考え、それを見つけるための時間を過ごすべきなんだ。必要なときに、必要な時間をきちんとかけてね。もっとも真なる目的は、なんらかの愛の形や人類や地球へのポジティブな貢献の形をとるようになっている。私たちは本当の意味で成功するためには、それぞれが人生の目的を発見する必要があるんだよ。目的は神聖なもので、それをあちこちで言いふらしてまわるべきものではないと思っている。そしてこれはあくまで私の意見だが、その目的は本当の親友やビジネスパートナー、配偶者以外には言うべきではないと考えている。私たちは自分でその目的を発見し、その目的に沿って生きるべきなんだ。そして、それができてこそ、人は満ち足りた人生を送ることができる」

沈黙の時間が流れた。

「私の言っていることがわかるかね?」

僕はうなずいた。しかし、なんて言っていいのかわからなかった。彼は再び僕を例のあの目で見た。そして彼は言った。

「あなたに投資しよう」

〈Key3のクイック・レッスン〉

□ よく考え抜かれたビジネスプランは、「理想の状態」を幻想から具体的な現実に落とし込んでくれる。プランはもっとも基本的かつ大切なステップだ。なぜなら、それには未来のビジョンが描かれているからだ。

□ すべての成功するビジネスは、ビジョンに基づいている。現実の世界で実現するはるか前に、誰かの頭の中でそのビジネスの成長と発展は明快にイメージされているのだ。

□ ビジネスにおいて、お金を稼ぐ以上の高い次元の目的を持たなければならない。もし高い次元の目的を持てば、背後にあるありとあらゆる力が働き、その目的に向かって後押ししてくれる。

□ 人は誰もが生きていく上で、独自の人生の目的を持っている。そして、同時にそれを成し遂げるための、独自の才能と能力を与えられてきた。真に成功するためには、その目的をじっくり考え、それを見つける必要がある。真の成功は、常に何らかの充足感をもたらしてくれる。そして、その人生の目的に沿った生き方をすることによってのみ、満ち足りた人生を送ることができる。

Key 4

会社の利益を最優先させる

僕はショックを受けつつも、夢見心地な至福感もかみ締めた不思議な精神状態で、オフィスに戻った。

バーニーは弁護士に出資の手配をしてくれた。そして2、3日のうちに弁護士から電話があり、細部を詰めてくれることになった。

僕は、「バーニーは投資を決定する前に、きっとビジネスプランをもっとあらゆる面から注意深くチェックするに違いない。そして僕たちのビジネスの性質や収入と支出の見通しについてなんらかの質問があるだろう」と思っていた。

僕は彼が数字の根拠を問い、いくらの給料を必要とするのか、あるいはその他の支出、すなわち製造や販促、税金にかかる支出をどのように考えているのかを尋ねてくるだろうと想像していた。しかし、そういった質問はなかった。彼は僕の予想よりもはるかに早く決断を下した。

数日後、彼から電話があり、ミーティングの場を持った。

「事業を開始しよう」彼は言った。「そして、あなたの準備が整い次第、私は書類をつくろうと思う。株式会社を設立しなければならないだろう。弁護士に知り合いはいるのかね？」

「え〜っと、いませんｖ。でも、見つけます」僕は言った。

「ああ、心配しなくていいよ。私の弁護士に任せよう。そんなに費用はかからないはずだ。決まりきった書類だからね」

「わかりました」僕は、会社を設立する費用は彼の投資からまかなうつもりでいた。実際、銀行にお金がなかったのだ。僕たちはいつものように本当にすっからかんだった。

「ああ、あと他にあなたに用意してもらわないといけないのは、あなたの資産リストだ。三人のオーナー全員は担保として資産を抵当に入れなければならないだろう」

「バーニー、僕たちは、ほとんど資産がないのですが」

「持ち家がある人はいるかね？」

「いえ、いません」

「そうか、じゃあ、あなたたちが持っているものを、すべてリストアップしてみなさい。まずは、それからだ」

僕は、彼をあとでがっかりさせたくはなかった。

「バーニー、言っておきますが、本当にほとんどないですよ」

「心配には及ばんよ。しかし、ともかくそのリストを書いてみなさい」

「わかりました」


僕たちの次のミーティングは、前の二回と全く同じ段取りだった。バーニーは白いパンのハムサンドイッチに飽きないのだろうか、と僕は思った。ただ今回は、彼があまり食べていなかったことに気づいた。半分も食べていなかった。

「私は先日、素晴らしいビジネスプランに出くわしたよ」

バーニーは金のカフスボタンをキラキラさせながら言った。

「それは生ゴミをエネルギーに転換する会社でね。彼らは生ゴミを扱い、それをあるシステムに入れることで石炭のように燃やすことができる小さな塊にするのだ。害を出さずに。なんて素晴らしいビジネスだろう！　想像できるかい？　彼らは人の生ゴミにお金を払うんだよ！」


彼は子供のように情熱的に話した。彼は自分がやっていることを、心の底から楽しんでいるように見えた。

「その会社のオーナーは、私にリタイアするつもりがあるかと尋ねたよ」

彼は明るく笑いながら言った。

「なんて質問だ！　リタイア？　考えられない。リタイアなんて言うのは、お払い箱にされた老馬のようなもんだ。私は決してリタイアしないよ。

私は、いろんな種類の会社やビジネスに投資をしている。私はこの仕事をこよなく愛しているんだ。私が投資する中でも、過去に失敗したことがある人たちは、皆、私を慕ってくれる。そして、うまくいっている人たちは、私を嫌って離れていくんだ」

そのときは、彼が言っている意味がよくわからなかった。

「私はあなたが素晴らしい成功をすることを願っているよ。そしてあなたが私を恨んで離れていくようなことがないこともね。

私はあなたにこんな提案を用意している。あなたが必要とする最初の9ヶ月分の資金を貸すつもりだ。その後はあなたのプランによれば、追加資金が必要になるだろう。そこであなたに、私の銀行の融資担当者を紹介しよう。お金が本当に必要になってからでは、銀行はお金を貸してくれないかもしれない。だから、できるかぎり早く銀行に打診をしておいてもらいたい。

私への返済は、7年返済になるだろう。最初の1年は利息だけ払ってもらう。もし必要なら、2年間でもいいがね。利率はプライムレートに3ポイント上乗せする。取引上のオプションももらう。私は、あなたに貸したお金の25%をあなたの会社の25%の株式と交換できる、という権利を持つ。私はこれから3年の間、そのオプションをいつでも実行できる。そして3年後にはその権利は消滅する。それでいいかね?」

僕は彼と議論する立場にない、と感じた。彼は完全に主導権を握っていた。

のちにわかったことだが、彼の借金の25%を会社の株式と交換する、ということは、彼は僕に貸したお金と同額の価値でこの会社を評価してくれていた、ということだった。そしてそれは、その年のわが社の売上の何倍にも相当する、その時点でのきわめて寛大な評価であった。

「ああ、それからもう一つ」バーニーは、もうちょっとで忘れるところであったかのように言った。

「担保のリストは持ってきたかね？」

僕は気の進まない思いで、それをしぶしぶ彼に手渡した。

「担保になる資産はないと言っていたのは、冗談ではなかったようだね」

彼は微笑みを浮かべながら言った。僕たちの財産状況を面白がっているように見えた。そして彼は、僕たちが正直で、資産を誇張しようと企てたりする気がないことを感心しているようにも見えた。もっとも、実態のないものを誇張しようがなかった、というのが正直なところなのだが。

「私の弁護士に、会社設立を依頼しておくよ。あなたはこれらの大切な資産をすべて守る必要がある」。大切な資産!? これはバーニー流のジョークだ。

「弁護士から電話が入るはずだ。会社の設立に、時間はそんなにかからんよ」

数日後、僕はバーニーの弁護士のオフィスを訪れた。

その弁護士はバーニーと同じぐらいの年齢で、彼とバーニーは1時間以上にわたって豊富な経験談など、興味深い話を聞かせてくれた。

二人とも先を急いでいる風ではなかった。

彼らの話は魅惑的だった。彼らが、素晴らしい経験を何年にも渡って積み重ねてきたことが伝わってきたし、自分たちがやっていることが好きで仕方がないという様子が明らかに見て取れた。そしてそのビジネスの世界に、僕のような新参者がやってきたのをもてなすことに大いなる喜びを見出していたようだった。


弁護士の話でもっとも記憶に残ったのは、インドから彼の事務所にやってきた老人の話だった。その老人はみすぼらしい装いで、ストリートに増殖している浮浪者の一人のようだったという。

彼は弁護士にぐちゃぐちゃの脂ぎった小切手を渡して、会社設立の仕事を依頼したそうだ。弁護士は、その男はあやしい浮浪者だと思い、彼のアシスタントの一人に、その小切手が本物かどうかを確認させた。

すると、その銀行からは、

「全く問題ありません。大丈夫ですよ」

との回答があり、実は、その男は5千万ドルの個人預金をその銀行に預けてあったということがわかったのだった。

彼は鉄道でアメリカの食物をインドに送り届けるという、莫大な量の輸出の仕事をしていたのだった。浮浪者のような格好を選んでいたが、まさしく彼は大富豪であったのだ。

バーニーもまた、心に残る忘れられない話をしてくれた。

「私がかつてハバナにホテルを所有していたときのこと、50年代頃の話だ。ある日、仕事に行こうと車を運転をしていたところ、通り沿い、ちょうど私の目の前でこぜりあいが起こっていたんだ。

通り過ぎていくと、警察がカストロの若い信奉者を囲んで、捕らえようとしていた。私はその少年に近づき、彼の澄み切った目を見た。そしてその目に、信じられないような決心と決断を見てとった。そして私はカストロが勝利することを確信した。バティスタは、このような力強い支持者を前にして、勝つことはできないだろうと。

私は所有していたホテルをただちに売り払った。そして他のオーナーにも売却するよう伝えた。しかし彼らは皆、口をそろえて同じことを言ったんだ。『まさか、カストロが勝つわけがない。それに、万が一彼が勝ったとして、彼はホテルをそのままにしておくと我々に約束したじゃないか』私はホテルを売却し、町を出た。その後、1年以内にホテルオーナーたちはすべてを失ったんだ」

この話には教訓がある、と僕は思った。それは「直観を信じよ」ということ。

彼らが話し終えたとき、弁護士は膨大な契約書類の束の上に手を置いた。

「オッケー、仕事に取り掛かろう」

彼は僕を深いまなざしで見た。バーニーが、まるで私を査定するかのように見る、あのどきどきするようなまなざしで。

「バーニーは何年にも渡って、我々にとてもよくしてくれてね」

僕は彼の言わんとすることがよくわからなかった。おそらく、バーニーはこの弁護士も含めた投資家のグループと一緒に活動していたのだろう、と僕は思った。

「彼には才能を見抜く目がある」彼は僕を見ながら言った。彼が僕に対してそんなに良い印象を抱くとは感じなかった。なぜなら僕には経験もなく、若かったから。

それからしばらくの間、書類と格闘する時間が続いた。

返済契約、会社設立の登記書類など。

僕たちの新しい会社は、株の所有を約束した三人の投資家と、三人の創業者の計六人の株主で構成された。

バーニーはすべての人に、会社に対する貢献度に見合った公平な金額の株を持つよう枠組みをつくった。僕たちがすべての書類に署名をすると、バーニーはそれを椅子にゆったりともたれかかりながら、もの思わしげに見つめていた。

「決して忘れないでほしいんだが、私はあなたに投資しているんだ。

私はあなたのビジネスプランに投資しているわけでも、会社に投資しているわけでもない。

あなたは世界でもっとも偉大なプランを持つことができる。世界でもっとも資本の揃った会社を持つことができる。しかし、もしそれを実行してくれる良き仲間を持たなければ、あなたに将来はないよ。

私は、あなたのビジョンと正直さと素晴らしいセンスに投資しているんだ。

会社のビジョンを維持し続けられるかどうか、一緒に働くすべての人たちがそれをクリアに抱き続けることができるかどうかは、あなた次第だ。そしてそのビジョンは、成功と成長のビジョンでなければならないよ。

あなたは、どうすれば会社が5ヶ年計画に描いたようにすばやく利益を生み出せるようになるのか、また、利益を増やしながら着実に成長していけるのかを、明快にイメージできなくてはならない。

すべての問題をチャンスととらえられるかどうかは、あなた次第だ。このことを決して忘れてはいけないよ。

すべての逆境には、それと同等かそれ以上のチャンスが秘められている。この1文が、ビジョナリービジネスの鍵なんだ。

人生はいつも問題にあふれているが、それと同じぐらいチャンスにもあふれている。

すべての問題の中に必ず存在しているチャンスを見抜くことを学びなさい」

彼はちょっと沈黙し、そして言った。「私が今ここで長々と話しているこれらのアドバイスを、心悪く思わないで欲しいんだが」。

「いえ、とんでもないです」。僕はできるだけ聞き漏らすまい、と注意深く聞いていた。

「これは、私があなたにアドバイスできることの中でも最高のものの一つだよ。ときどき一人の時間を過ごしなさい。できれば毎日だ。心の中であなたの夢が新鮮であり続けられるよう、あなたのゴールを思い出す時間を持ちなさい。

あなたのプラン、それは長期目標と、短期目標につながる目の前のはじめの一歩の両方のことだが、それに意識を向けなさい。常に前進し続けるのだ。

決して、失敗のイメージを長々と考えないことだ。成功だけを心に描き続けなさい。

私は強く確信していることがある。それは、破産する会社は存在しえないということだ。それは社長のビジョンが間違っている証拠。もし失敗や破産をイメージできないようなら、まず失敗することはない。

悪いビジネスは存在しない。おろかな経営者が存在するだけだ。

良い経営者はどんな種類のビジネスをも成功させることができる。

おろかな経営者はどんな種類のビジネスをも失墜させることができる。

私はそれを何度も何度も見てきた。あなたも、そういうケースを知っているんじゃないかな、ちょっと考えてみれば……」

僕は考えてみた。たしかに知っていた。

「成功は、あなたが計画したのとは違う道すじを描くかもしれない。それは常に起こることだ。

秘訣はね、明瞭なプランをつくり、成功へのはっきりした道筋を描くこと。しかし、新たな問題や障害、そしてチャンスが発生したときに、いつでも計画を変更できるだけの柔軟性を持ち合わせていることが大切だ。

あなたのビジネスは、5年後には今思い描いているのとは全く違うものに見えるかもしれない。それはそれで良いのだ。あなたは柔軟に、ゴールにたどり着くためのあらゆることを試みることが必要だ。

私たちは宇宙の変化の中にいる。もしそれらの変化に適合することを学べば、いつもゴールに到達できる。もしそれらの変化に抵抗すれば、宇宙を相手に戦うことになる。そしてそれは必ず負け戦となる。そんなことは、やっちゃいけない」

弁護士はバーニーのおしゃべりをとても楽しんでいた。彼は笑い、うなずき、静かにバーニーに微笑みかけた。弁護士はあきらかにバーニーが大好きで、彼のちょっとしたスピーチを僕と同様、楽しんでいた。

「新しい会社を立ち上げるのは、僕にとって毎回、本当にとてもエキサイティングなことなんだ。

会社は偉大な発明だ。『複利』の概念も素晴らしいが、それと同様に輝かしい発明なんだ。

会社は、それ自体が法人としての実態を持つ。それはあなたや私のような、個の存在なんだ。それはあなたや私のように成長する。幼児期を経て、青春期を通過し、成熟期を迎える。

会社はそれ自身が個性を持つ。神秘的な力がやどり、そのリーダーの個性が反映される。しかし会社は、オーナーや従業員やその他の人たちとは別の、会社自身の人生をたどっていく。

すべての会社は、すべての個人のように、無限に創造的な将来性がある。

終わりのない可能性が、すべての会社に開かれている。ちょうど、すべての人々にとってそうであるように」

彼は椅子のなかで前かがみになり、再び僕をまっすぐに見た。なんだか自分が、偉大な師匠を前にした、出来の悪い生徒のような気分だった。

「会社を健康体に保ち、そして成長させるために、いつも覚えておかなければならないことはこうだ。それは会社が一番である、ということ。あなたが利益を受け取る前に、会社に利益を与えなさい。他のオーナーや従業員、その他の誰に与えるよりも前にだ。

決して忘れてはいけないよ。はじめに、真っ先に会社を大切に育てなさい。そうすれば、会社があなたを養ってくれる。そしてすべてのオーナーや従業員、そして多くの関わる人たちを、同様に養ってくれるようになる。

しかしあなたが会社を放っておいて、自分を最優先したり、他の人たち、あるいは何か他のグループの利益などを優先させたならば、すぐにそのビジネスは苦境に陥るだろう。そしてすべての人に被害が及ぶのだ。すべての人に、だ」

バーニーはチェアに深くもたれかかり、しかし強い口調で話した。

「以前、私がよく知るある人たちは、我々がそこから学ぶべきあることを経験した。彼らは家族経営をしていた。そしてそれは何年にも渡って大成功をおさめていた。四人の家族がオーナーだった。彼らは、そのビジネスから多くのお金を生み出した。それは本当に、何年にも渡ってお金を生み出し続けた。

ところが、ある問題にいきついた。その問題とは、まさにオーナーのビジョンの欠如に直結していた。なぜなら彼らは問題にばかり気を奪われるようになり、チャンスを見ようとしなかったからだ。

世の中が不景気になり、彼らの経営スタイルや商品の多くは時代に取り残され、陳腐化していった。そして他の問題も、同様に発生した。

そのような事態が悪化する一方の状況の中でも、チャンスはひそんでいたんだよ。しかし彼らにはそのチャンスが見えなかった。あまりにも現状に満足しきっていて、そのタイミングを逸してしまったんだ。

そして、彼らは間接費にものすごいお金を使い過ぎていた。

勤続年数が長くて、待遇がすっかり手厚くなっていた割に、たいして熱心に働かない相当数の従業員の給料も含めてね。

そのビジネスはまだ利益を生んでいたが、かつてに比べるとはるかに縮小していた。それで、オーナーたちは報酬を減額せざるをえなくなった。

オーナーのうち二人は給料が減ってもやりくりしていけたが、あとの二人はお金にだらしがなく、浪費家で巨額の借金を抱えており、給料はその返済やあらゆる多額の支出に充てられたんだ。

彼らは大金をもてあまし、何年も豪遊していたために、節約して元の水準に戻るということができなくなっていた。

彼らの会計士は『節約しなさい、そうしなければ会社が倒産する』と忠告したんだが、それでも節約できなかった！　彼らは、会社からそれまでと同額の報酬を受け取ると言い張ったんだ。

彼らが何をやっているかわかるかい？

彼らは自分たちの利益を会社の利益よりも優先させたんだ。そして結局は、毎年金の卵を産んでくれたガチョウを自らの手で殺してしまった。

すべては崩壊し、険悪な仲となった家族は見苦しく喧嘩をした。それは見ていて悲しいものだった。とても痛々しかったよ。

彼らは結局、解散し、資産を二束三文で売り払った。

会社を失い、着実に入ってくるはずの収入源も失った。それらはすべて、彼らが会社の利益よりも自分たちの利益を優先させてしまったからなんだ。

このことから多くの学びがある。

一つはこうだ。使いすぎに気をつけよ。

調子がいいとき――末永くそうあってほしいと願っているが――あなたの利益は、ビジネスと同様に個人的な貯蓄に充てなさい。そうすれば、調子の良くない年も、その貯えでやっていける。

しかしもっとも重要なことは、まずビジネスを育てることだ。それを決して忘れちゃいけないよ」

「はい、忘れません」。どうして忘れられようか？　僕はここまで躍動的なバーニーを見たことがなかった。

「よし、お説教はこのくらいだ」彼は言った。そして、おどけた風に弁護士にバトンタッチするような合図をした。

弁護士は僕に、ケースに入った大きな黒い三つ穴のバインダーを手渡した。それは法的なものや証明書など、会社設立に伴うすべての書類が納められていた。

そして彼は僕に今までに手にしたことがないほど巨額の小切手を手渡してくれた。

〈Key 4のクイック・レッスン〉

□ 成功するには、成功と成長のビジョンを描かなくてはならない。会社が5ヶ年計画に沿って、すみやかに利益を生み出し、その利益を増やしながら着実に成長するためには、どうすればいいのか。それらを明確にイメージできることが必要である。

□ すべての逆境はそれと同等か、それ以上のチャンスを秘めている。そして、この1文こそがビジョナリービジネスの鍵である。

□ できれば毎日、一人の時間を過ごす。心の中で夢が新鮮であり続けるように、ゴールを振り返る。プランに心を集中させ、常に前進し続ける。

□ 決して長々と失敗の絵を心に思い描いてはいけない。成功の絵を描き続ける。本来、会社は倒産したりはしない。それは、間違ったビジョンを描いた社長の失敗である。

□ 悪いビジネスが存在するのではない。おろかな経営者がいるのである。良い経営者は、どんな種類のビジネスをも成功に導くことができる。おろかな経営者は、どんな種類のビジネスをも失敗させてしまうのだ。

□ 成功は、プランとは違った道筋をたどるかもしれない。成功の秘訣は、明瞭なプランを立て、成功へのはっきりとした道筋をつくること。そして、新しい問題や障害物、そしてチャンスに直面したときには、それにあわせて常にそのプランを変更できるだけの柔軟さを持つことだ。

□ 会社は素晴らしい発明である。そして限りなく、様々な創造的な目的で利用される将来性を持っている。会社の成長は、人生と同様、決して終わることのないプロセスである。

□ 会社が一番目。これをきちんと覚えておく。会社の利益は、オーナーが受け取る前に、そして他の誰かが受け取る前に、会社に与える。個人の利益よりも、会社の利益を優先させる。そうすれば、会社がすべてのオーナーや従業員、その他のたくさんの人たちを同じように養ってくれる。

Key 5

従業員には気前よく利益を分配する

僕たちは小切手を銀行で現金に換えると、ただちに使い始めた。それがあっという間に減っていくのを心配しつつも、ちゃんと計画に基づいて使うようにしていた。

わが幼い会社から最初の給料を受け取ったとき、僕は喜ぶよりもむしろ心配になってしまった。あっという間に資金が底をついてしまうのではないか、そして定期的に給料を出し続けることはできないのではないか、と不安に思ったのだ。

しかし、このような心配はビジョナリー思考ではないとわかっていたので、僕は心に浮かんでくる最悪のシナリオを、努めて思い描かないようにした。それらが思い浮かぶやいなや、必死で追い払うようにした。

そして、僕はバーニーのアドバイスに従い、長期ビジョンと1年のプラン、そして長期ビジョンに向けてのはじめの一歩を踏み出すプランに意識を集中させた。

僕はいくらかのお金を貯めるつもりでいた。しかし、ライフスタイルは新しい収入レベルにすぐに適合して変わってしまうものだ。たいした収入ではなかったが、それは以前に比べればはるかに大きいもので、お金が手元にあれば、それまでは考えもしなかった車やテレビが必要に思えてくるものだ。僕は増額した自分の給料に、あっという間に慣れてしまっていた。

でも僕は、バーニーから聞いた、ビジネスを失敗した人々の話を忘れなかった。そして給料から、ささやかな金額ではあるが、毎月投資信託に預けることにした。そうして収入が増えたときは、投資額も一定の割合で増やすように心がけた。

1ヶ月以上、バーニーからは音沙汰がなかった。そしてある日、彼から電話があった。

「寄っていいかな?」

「もちろんです!」僕は答えた。

彼は電話を切るとすぐにやってきた。きっと、どこか近くから電話をかけてきたのだろう。

彼はうちの社員たちに声をかけながら、事務所内をぶらぶらと歩き回った。社員たちとのふれあいを楽しんでいるようだった。

そして奥の小さな部屋に入ると、彼は僕の机の上に置いてあったビジネスプランに目をやった。会社を立ち上げてから、それが一度も開かれていないことを感じ取ったのかもしれない。

「こんな言い回しを聞いたことがあるかな？〝仕事を計画し、その計画を実行せよ〟」

「いいえ……」

「これは良いアドバイスだと思うよ。とても重要なことだ。あなたはお金をつくるためにプランをつくった。そこまではOKだ。次はあなたのプランに沿って実行し続けることだ。プランをつくりっ放しにして、ほこりにまみれさせてはいけないよ。常に手を加え続けなさい。少なくとも四半期ごと、理想的には毎月がいい。

月末に売上実績をチェックして、プランに書かれた売上目標と比較をしてみなさい。支出についても同様だ。プランを実行し続けなさい。そこで掲げたゴールを、心の中で新鮮に保ち続けるのだよ」

彼は自宅でくつろいでいるかのように大きく伸びをしてから、チェアに腰掛けた。

「良い従業員たちだね」彼は言った。

「良い人たちだ。これは重要だよ。私は自分が投資した会社のオーナーたち、そして従業員たちと会うのが好きなんだ。たとえ公開された株を買ったときであってもね。

特に、身元を知られずに彼らと会うのが好きなんだ。そのとき、彼らは私が何者かを知らない。その状況で、フラっと会社を訪れるんだ。それが会社の中で何が起こっているのかを正しく知る、もっとも良い方法なんだよ。

ところで雇用契約のガイドラインのようなものは、あるかね？」

「それは何ですか？」僕はちょっと不安げに尋ねた。何のことかわからなかった。

「なければ、なるべく早く用意したほうがいい。できれば、あなたが従業員を雇い始めたらすぐにだ。

雇用契約のガイドラインには二つの意味がある。

一つは、あなたを守るためだ。

そしてもう一つは従業員のためだ。そしてそれはもちろんビジネスのためでもある。

あなたを守るという部分は、法的なことだ。

私の弁護士に用意するよう伝えよう。決まりきった書類だから、そんなにコストはかからないだろう。

それは、従業員を雇うときの雇用契約、それから彼らが会社を辞めるときの同意書も含まれている。同時に彼らが受け取る退職金についての項目も必要だ。

基本的に同意書は、従業員が雇用契約のガイドラインのコピーを受け取り、そして彼らはその雇用関係に同意したことを証明する。

そしてあなたの会社も従業員も、原因が何であれ、自由に雇用関係をいつでも終わらせることができる。あなたは、もし必要があれば、裁判の場でいかなる議論も解決させることに同意するのだ。

この同意書はあなたを訴訟から守り、あなたが法的な紛争を避ける助けになる。これは重要なアドバイスだよ。法的な紛争は避けること。そして弁護士を使わずに問題を解決する道を探しなさい。

弁護士ってのは、争いを始めるために雇うものだ。もしそれが始まれば、戦争になる。そしてその戦争は双方負けの戦争なんだ。誰も得をしないんだよ、弁護士以外はね。

ちゃんとよくわかっているビジネスオーナー、つまり真に目覚めているビジネスオーナーは、弁護士を必要としないんだ。契約書の作成など平和な目的以外にはね」

僕は、彼が言うところの「真に目覚めている」という意味をきちんと教えてもらおうと思った。しかし、今彼の話をさえぎるのは悪いかな、と躊躇しているうちに、すぐに次の話に移ってしまった。

「すべての紛争を、弁護士を使わずに解決することを学びなさい。そうすれば、あなたは永きに渡って繁栄の日々を過ごすことになるだろう」

「永きに渡る繁栄」などと言うので、バーニーは「スタートレック」のスポックのファンなのかな、と僕は思った。

「雇用契約のガイドラインのもう一つの側面、それは会社の魅力を示す部分なんだが、従業員の利益をすべて説明していることだ。

あなたの従業員は、なにか通常の給料以外にプラスアルファのメリットを与えられているかな？　それを書面にしたものは？」

「いいえ、書いてはいません」私は答えた。

「働き始めて、まだ間もない人ばかりですので。僕たちは有給休暇や病気休暇について話し合いました。彼らが病気のふりをしなくてもいいように、僕たちはそれをウェルネス・デー（健康休暇）と名付けました。僕はまだ健康について心配できるほどの余裕はないと思っていますが、できるだけ早く何かを準備したいと考えています」

「いいねぇ」バーニーは言った。

「社会保障制度について私の意見を言わせてもらえるかな。もちろん、あなたのビジネスだ。あなたに合ったやり方でやればいい。

しかし、私の長年の経験から言えることだが、社員にはできる限り気前の良いプラスアルファの還元をしてあげることが、会社にとってもベストだ。

あなたの会社はまだ十分なお金を稼いではいない。しかし、はじめから従業員に長期休暇や病気休暇をとらせてあげることはできる。いや、ウェルネス・デーだっけ？　そのほうがいい言葉だね。

長期休暇は、本当は会社としてはそれほどお金がかかることではないのだ。それでいて、それは従業員にとても喜ばれる。彼らの誕生日も休みにするといい。そして誕生日にボーナスを出してあげる。たとえ最初は、ほんの気持ち程度の小額であったとしても、だ。彼らは感謝するよ。間違いない。

クリスマスに、誕生日に、そして決算月に、ボーナスを出してあげなさい。最初は少なくてもいいから。そしてボーナスがどんどん大きくなっていくのを、頭の中で思い描きなさい」

このアイデアは素晴らしい。僕は想像しただけでワクワクしてきた。

「健康保険にすぐに加入しなさい。近頃ではすべての人が健康保険を必要としている。自費の医療費はばかげた、天文学的なコストになる。利益を出せるようになったら、私ならすぐに、歯科の保険プランにも加入するだろう。

そういったコストは、実際にはとてもリーズナブルで、素晴らしい価値がある。

ほとんどの人は、通常の医療保険よりも歯科保険のほうをよく使う。（訳注―アメリカでは日本のように国が負担する社会保険制度はない。そのため、国民が各自で民間の保険に入ることにな

る。また健康保険と歯科の保険は別になっている）

従業員が、医療と歯の保険を負担しなくて済むように、会社が負担してあげるべきだ。もしそれができないというなら、その会社のビジネスコンセプトにははじめから深刻な間違いがあることになる。

その会社が大きかろうが小さかろうが、『従業員のために医療的な便宜を図ることなんて考えられない』と泣き言をいうビジネスオーナーの声を聞くと、私は本当に頭にくるんだ。

もしそれができないと言うなら、その人たちは何か勘違いをしている。なぜなら、医療補償はそんなにコストがかからないからだ。それは従業員の給料のほんの一部なんだから」

僕も医療補償については同じような考えを持っていた。そして、その漠然と思っていたことをバーニーが裏づけしてくれたかのようで、実に誇らしい気持ちになった。

「そして、企業年金プランもとても重要だよ。見たことがあるかね？」

「いえ、ないです。僕たちは将来的には何かしたいと思っていますが、まだ何も考えていませんでした」

「会社の利益に応じて組める、素晴らしい企業年金プランがいくつかある。あるプランでは、もし会社が利益を出していなければ、積み立てはしなくていい。だから、業績の悪い年は、それは会社の負担になることはない。それでも従業員が受け取る給料とボーナスの総額の15％までを無税で積み立てることができる。それは、節税プランになる。

何年も経つと、従業員たちが退職するときに、それなりにまとまった金額になる。そして彼らはそれを担保に、家を建てたり、教育や緊急の医療費などのために、お金を借りることができる。

そして従業員は、彼ら自身のお金をそれに充てなくても済む。

会社が利益を出す前であっても、できる限り早くそれを従業員に提示してあげることをお勧めするよ。それが、売上を上げ、費用を節約しようという彼らのモチベーションにつながるからね。誰もがオーナーのように考えるようになるんだ。

現金のボーナスのことも気になるが、それはまた別の重要項目だ。その話もさせてもらおうかな。ところで、コーヒーはいただけるかい？」

「ああ、すみません！　バーニー」

僕は、気の利かないホストのような気まずさを感じつつ、立ち上がった。

「ほかに何か、どうですか？」

「いや、いいよ。もしよかったら、あとで一緒にランチに行こう。でもその前に、一杯だけコーヒーをいただくとしようかな」


数分後、僕たちは淹れたてのホットコーヒーを持って座り、バーニーは続きを話してくれた。

「あれは何年前か、もう相当前だなあ……。あなたが生まれる前の、大昔の話、私がホテルビジネスをしていたときのことだ。

スイスでホテル経営をする仕事の依頼を受けてね、私はスイスに行き、そのホテルを訪れた。

それはもう、ひどかった。建物は汚れっぱなしで、手入れがされておらず、資金繰りに追われていた。従業員のモラルはひどいもので、サービスは最悪だった。

なにしろ、従業員がホテルの備品をかすめ取る、なんてことがしょっちゅうだった。私は驚き果てたよ！　それをなんと呼べばいいんだろう？　要はれっきとした『盗み』が身内で常習的になされていたんだ。銀食器、タオル、トイレタリー、食べ物、ペイント、ありとあらゆるものがすべてあっという間に消え去っていた。

従業員は最低賃金レベルでしか給与を支払われておらず、年金プランも利益分配も、従業員にとって給料以外のメリットと呼べるものは全く何もなかった。

経営陣と従業員の間には、親密な信頼関係など全くなし。憤慨や恨みだけが強烈に渦巻いていた。従業員の入れ替わりも、ものすごくめまぐるしかった。

このことは結果的に、どんな経理担当者が理解するよりも、会社にとって本当に高くついたんだ。

私はホテルのすべてのオーナーと株主に会いに行くことにした。

20～30人が長円形のテーブルを囲んで座っていたのだけれど、私は彼らに、一つの条件つきで仕事を受けようと言ったんだ。

その条件とは利益の3分の1をホテルに分配し、3分の1を従業員にボーナスとして与え、3分の1を株主に与えようというものだ。

彼らのリアクションが想像できるかい!?　彼らは、私が気でも狂ったかというような顔で見ていたよ！　ホテルに再投資するというのは、まあいい、と。しかし、従業員にもオーナーに支払うのと同じように還元するというアイデアには、彼らは猛反対だった。

私は彼らに、『もし私にその仕事をさせたいなら、これは絶対条件だ』と言ったんだ。そして私はこうも指摘した。『このホテルはどちらにしても、儲かっていないじゃないか』と！　赤字を垂れ流しているじゃないか。今のままじゃ、大金をドブに捨てているようなものだ。存在しないものの１００％を得るよりも、なにがしか存在するものの33％をもらえるのなら、そのほうがいいんじゃないか？

彼らはついに私を雇い、その仕事を任せることとなった。彼らも、崖っぷちで死に物狂いだったに違いないね。

私が最初に行ったことは、すべての従業員を集め、彼らに利益分配プログラムについて話すことだった。それは、オーナーが受け取るのと同様に、彼らは利益の3分の1をもらえるというものだったんだ。

その後の彼らのモラルの変わりようは、きっと信じられないだろうと思うよ。それはもう、全く私の期待通りになったんだ。

サービスはただちに改善された。そして従業員の中で、盗みはほとんどなくなった。従業員は、自分たちが利益から報酬を受け取れることを知っているので、まるで自らがオーナーであるかのように考えていたんだ。

1年後、従業員は2週間分の給料に相当するボーナスを受け取ることになった。数名の株主は、その対策についてまだブツブツ文句を言っていたが、我々はそのビジネスを生まれ変わらせ、黒字体質にしたのだ。

私は7年後その会社を去ったが、その年の最後の従業員の利益分配ボーナスは8ヶ月分の給料に相当するものになっていた。

しかもその支払いは、現金だ。

株主は喜んでいたよ。

従業員も熱狂的に喜んでいた。

お客様は幸せだった。

そのホテルは誇りを取り戻した。

それは四方良し、まさに関わるすべてが恩恵を受ける状況だったんだ」

彼はその長い繊細な指で、コーヒーに手を伸ばした。

「バーニー、それはとても感慨深い話ですね」

「ああ、私もとても素晴らしい気持ちだったよ。彼らは私にその会社の株を与えたので、私は従業員、株主の両方の立場で利益を得たんだ。私はあなたに同じような仕組みを立ち上げることをお勧めするよ。

会社にも利益を再投資しなければならないから、その分配割合は違っていてもいい。ただ、利益の3分の1を会社の成長に投資するというのは、通常は妥当な投資額だ。ただ、いずれにせよ、あなたが会社に再投資した残りの分は、オーナーと従業員で半分ずつに折半することをお勧めするよ。

もちろん、オーナーとしての配当とは別に、従業員としての給料も受け取っているオーナーもいる。なぜなら、その人たちは二つの別の役割を果たしているからだ。

オーナーは、会社に注ぎ込んだ投資資金やエネルギー、ビジョン、あるいはそのポジションに基づくすべての貢献に対して、十分な報酬を受ける権利がある。しかし、従業員もまた、会社の利益から十分に支払いを受ける権利があるんだ。

私が強く信じていることを言おうか。私の経験から言えることでもあり、実際、それは自然に起こる真実だと思う。

それは利益の半分を従業員に与えること。

そうすれば、オーナーにとっても、すべての利益を独り占めしたときと比べて、会社は長期に渡ってとても良くなり、より多くを受け取るだろう。それは双方良しの利益分配なんだ。

私はすべてのビジネスが利益分配をすべきだと思っている。たとえ、ごく小さな家族経営の〝パパママ・ストア〟であっても、だ。

利益分配はすべてのものを巻き込む。これをやらない手はないぞ。それが良いビジネスだ。

利益から、パートタイマーも含めて、すべての従業員に気前よく分け与えることをしたなら、長い目でみて、オーナーはより多くのお金を受け取ることになる。実際、関わるすべての人が恩恵をこうむることができるのだ。

規模が小さな会社、例えば従業員がたった一人のパートタイマーを雇っているような零細企業でさえ、何かしら、できることがある。あなたも、従業員に言ってみなさい。『私たちの会社は、利益をあなたたちに分配します。私たちはそれがどれぐらいの金額になるのか知らないし、利益を出せるのかどうかもわからない。でも、もし利益を出せたなら、それをあなたたちとシェアします』ってね」

僕は、その利益分配は会社が利益を出せるようになったときに、いずれ行うことだと考えていた。でも今、バーニーは利益を出す前であっても、それができることを示してくれた。僕はすべての従業員にこのことを伝えるべく、心の中でメモをした。

バーニーは続けて語った。

「私はすべてのビジネスが利益分配をすることを願っているんだ。例えば、郵便局。彼らが利益分配を導入するのを見てみたいものだ。郵便局が民間企業のようにそのシステムを取り入れ、利益を分配したらすごいと思わないかい？　例えばマクドナルドも、利益分配をすべきだ。そして従業員に恐ろしくも最低賃金で働かせるような真似はやめるべきなんだ。今時、いったい誰が最低賃金で暮らしていけるっていうんだ？　全く不思議でしかたがない。

もし彼らが最低賃金よりも高い給料を払っていて、利益を従業員に分配していると知らされたなら、私はビッグマックにもっとお金を払おうってもんだ。私はそういうビジネスをサポートしたい。そしてそのように考えている人は、他にもたくさんいると思うよ。

もし政府が利益分配をしたらどうなるだろう？

考えてもみなさい！　いくらでも創造的なやり方がみつかるだろう。

政府だってビジネスだ。とんでもない数の官僚やら省庁やら、既得権益を持つ人たちやらがやたらに多いが、それでも言ってみれば巨大なビジネスだ。

例えば、そのそれぞれの部署がそれぞれ異なったゴールを持ったらどうだ。特に、コスト節減ゴールをね。

もしコストを20％節約したら、そこの官僚と職員は5％のボーナスが得られる、というようにやるんだ。

もし彼らが創造的に考えるモチベーションを与えられたなら、すべてのことはこのようになる。そしてそれが利益分配の良さなんだ。

経費節約のアイデアを考えた従業員に対してボーナスを与えるというのも、素晴らしい利益分配の方法だ。

従業員は、会社においてもっとも価値のある資産だ。仮に、あなたが世界でもっとも偉大な製品とサービスを持つことができたとしよう。でも、もしそれらの製品をつくり、サービスを提供し、それらを販売、マーケティングしてくれる良い従業員の存在がなかったとしたら、そして帳簿をチェックし、出費を抑えてキャッシュフローの管理をし続けてくれなかったとしたら、ビジネスは行き詰まってしまう。そして、あなたは激しい頭痛にさいなまれるだろう。

だから、従業員にできるかぎり大きな利益を与えるのだ。

特に利益分配はお勧めだ。利益分配が下の階層の人たちにどんな効果があるか、わかるだろう？　従業員の心にオーナーの誇りを染み込ませることになるのだ。

結局、ビジネスにおけるオーナーシップとは、何を意味するのか？　それは主に、そのビジネスが成功したときに、利益の分配を受け取る権利を所有することを意味するんだ。

そして、どのような経営をするのかについて、何らかの情報が知らされることを意味する。もちろん、すべてのことについてではないにせよね。

しかし、オーナーとして、従業員に何の経営情報も与えていなければ、それはおろかなことだ。彼らはいつも自分たちの仕事をしながら、あなた以上にはるかに明瞭にその仕事の細部や不満な点について見えている。

彼らはしばしば、どうすればより生産性がアップするのかを、あなた以上によくわかっていたりするものだ。もちろん、いつもではないが、そういうことは多い。

彼らが、あなたが持っていない見解を持っていることは確かだろう。

だから、もしあなたが彼らをマネージャーのように思って敬い、オーナーのように扱い報酬を支払うなら、あなたは彼らにオーナーシップの誇りを与えることになる。あなたは彼らに仕事の満足感を与える。そして、彼らはあなたのために一生懸命働くだろう。間違いない！　私はこれまで何度もそのようなことが起こるのを見て来たんだ」

バーニーは活気づいていた。そしてそれは単にコーヒーのせいではなかった。彼は話に熱中して、魂に火がついたようだ。僕はノートをひっぱりだし、メモをとり始めた。

「あなたの利益パッケージの最後の一つはこれだ。ＥＳＯＰ（従業員のストックオプション・プラン）だ。それは、後にあなたの会社がそれに足りうる価値ある会社になったときに、あなたが使いたいであろう最後の切り札だ。

ＥＳＯＰを通して、あなたは従業員に会社の一部を与える、もしくは売ることができる。株式の大半は、あなたがとても必要としていて、あなたのために働き続けて欲しいと願っている主要な従業員の手に渡ることになる。

しかし、すべての従業員にもいくらかは株式を所有させることだ。それは、たとえ配送係にいるアルバイトの高校生に対してもだ。彼らが長い間、あなたと一緒に働いてくれているのならね。

そのとき、彼らはオーナーのように行動するだけではなく、本当にオーナーになる。良い会計士はそのシステムを取り入れるのを手伝ってくれる。しかし、あなたの会社の株式が十分な価値を持つまで、あと2～3年は待ちなさい。

いったん会社が利益体質になれば、あなたはすぐにでも名目上の株式プログラムを始めることができる。そのことについて、聞いたことはあるかい？」

「いえ……」

「名目株とは、素晴らしい発明だ。あなたはすべての従業員に、シンプルな同意書を書いてもらい、その名目株の分配についての保証をする。

あなたはその名目株の分配について、いかなるルールでもつくることができる。それがこのシステムの美しいところだ。

一般的には、このように行うんだ。

まずあなたは、従業員が保有する名目株の保有割合に対してボーナスを支払うことを保証する。

もし主要な従業員の名目株が会社の資産の4～5％の価値があるとしたら、彼らは毎年、その会社で勤め続ける限り、あるいは会社が売られるまでは、利益の4～5％の報酬を受け取るのだ。

しかし、もし彼らが会社を辞めれば、その分け前はゼロになる。

それで、彼らはその会社で勤め続けようというモチベーションを維持することになる。

最終的には、決算月を迎える1年後、あなたの従業員ストック・オプション・プランによって、従業員の名目株は、現実の分配を伴う株式に交換される。そして、彼らは名実ともにオーナーになるのだ。

あなたにはたった二～三人の従業員しかいないことはわかっている。しかし、もっと増やすんだよね？」

「ええ、受付や配送係が必要なんです」

「ならば、やってみなさい。彼らを大人として扱うのだ。価値ある資産として彼らと接しなさい。そうすれば、彼らは大人として振る舞い、価値ある資産になるだろう。現金のボーナスや企業年金プランを立てることによって、そして最終的にはＥＳＯＰの株式を所有することによって、あなたと共にいるすべての従業員が長年に渡り、ワクワクする未来に向けてたくさんの富を蓄え続けることだろう。

それを〝マークとゆっくり豊かになるプログラム〟とでも呼びなさい。あるいはあなたの好きな呼び方でもいい。あなたならおそらくもっと良い名前を思いつくだろう」

彼は一人で面白がっているようだった。

「バーニーのアイデアは、とても気前がいいですね」。僕は言った。

「私のことを気前が良すぎる、と非難する人々がいた。気前が良すぎて失敗するよ、と。

しかし、私はこのように考えている。

けち過ぎるよりも気前が良すぎるほうがはるかにいい。

過剰なほどのバケーションを与えるほうが、十分に与えないよりも良い。

過剰な臨時収入を与えるほうが、不十分であるよりもいい。

大事にされすぎて仕事がラクラクなぐらいのほうが、ストレスでまいってしまうよりも良い。

リラックスしすぎているぐらいのほうが、消耗しすぎるよりも良い。

そして、許しすぎるほうが批判しすぎるよりも、はるかに良い」

彼は明るく微笑み、そしてコーヒーを口にした。人が真実を語るとき、その人が結果を伴っているからこそ、誰もがそれを信じるのだ。バーニーのように。

この国の建国者が言ったように、真実はおのずと明らかになるのだ。

バーニーは続けた。

「ビジネスはあなたの夢を形にするツール、手段だ。

あなたの従業員と共に力を合わせて働きなさい。彼らの夢がそのビジネスを続けることなのか、あるいは最終的には他に行くことなのかに関わらず、従業員が夢を見出すのをサポートするんだ。

みんなに5ヶ年プランを書かせなさい。彼らがそれを不快に感じない限り。中にはそんな将来のことを計画するのは難しいと感じる者もいるだろうからね。

しかし、彼らが未来を想像するのを助けてあげなさい。

同様に、あなたも自分自身の未来を描くことを勧めるよ。それがあなたとあなたの従業員が双方良しの状況になる方法だ。

それは、従業員の夢の実現の手伝いにとどまらず、従業員の大いなる忠誠心をもたらしてくれるんだ。そして、彼らは自分がチームに不可欠な存在であることに気づいていくんだ。

ああ、それからもう一つ、これもあなたに知らせておこう。

これはすべての管理者と雇主がわかっておくべきことなんだが、実際にはなかなかできていないことだ。

あなたが従業員を褒め称えるとき――できるかぎり彼らを賞賛すべきなんだが――彼ら

を公の場、他の従業員の前で賞賛してあげなさい。

逆に、彼らを叱責しなければならないとき、あるいは仕事の仕方を正すべきときは、人目につかないところでやりなさい。

これは良いマネジメントをする上でのシンプルな鍵だ。

これは、人間関係において深刻な問題を抱えているすべての親たちもふくめ、すべての人が知っておかなければならないことだ」


僕はバーニーが去ったあと、何ページもに渡りノートに走り書きをした。そして、そのノートに名前をつけた。

「バーニーの福音書」

〈Key5のクイック・レッスン〉

□ 仕事を計画し、その計画を実行する。売上の実績値を上書きし、計画したものと比較しながら、ビジネスプランを見直し続ける。目標を、心の中で新鮮に保ち続けるよう努める。

□ 従業員それぞれのメリットがきちんと書き綴られた雇用契約のガイドラインをつくる。それが、オーナーと従業員を深刻な法的紛争から守ってくれる。

□ 法的紛争は避ける。弁護士を使わない問題解決の道を探す。真に目覚めているビジネスオーナーは、平和な目的を除いて弁護士を必要としない。

□ 規模の大小に関係なくすべての会社が、有給休暇、医療保険と歯科保険、企業年金プラン、そして利益分配をきちんと与えるべきである。

□ 利益の半分を従業員に与える。そうすれば会社は長きにわたってうまくいく。そしてオーナーはすべての利益を独り占めしていた場合よりも、はるかに多くを得る。これは双方良しの利益分配法である。

□ 利益分配プランと企業年金プランを経て、そして最終的には名目株とESOP（従業員ストック・オプション・プラン）を経て、その会社に長く勤めるすべての従業員は、何年にも渡り、豊かな未来に備えてたくさんの富を蓄積できる。

□ 従業員を賞賛するときは皆がいる公の場で行い、叱責や注意をするときは人目のないところで行う。

□ けち過ぎるよりも気前が良すぎるほうがはるかに良い。ボーナスは少なすぎるよりも多すぎるほうが良い。消耗し過ぎているよりも、リラックスしすぎているぐらいのほうが良い。そして、批判してばかりいるよりも、許しすぎるほうがはるかに良い。

Key 6

ゴールに導かれる経営
——具体的な計画がビジョンを支える

2、3週間後、僕はバーニーとランチをとりに出かけた。

それは僕たちの小さな会社がはじめて彼におごった日だった。とは言っても、それはたいした金額にはならなかった。

なぜなら、バーニーは白いパンのハムサンドイッチさえあれば、どこでも、たとえありふれた喫茶店であっても喜んでくれたからだ。

僕は彼に我々の最近のプロジェクトについて話をした。

彼は、プロジェクトそのものではなく、それがどれだけのコストが必要であるか、そしてどれだけの売上をもたらす計画を立てているかについて、とても興味深そうだった。

僕たちは各プロジェクトについての「アクションプラン」を策定した。

僕たちのマーケティング責任者は初年度の売上計画を立てた。そして、財務部門——と言ってもパートタイムの経理担当者と僕の二人だが——は、支出と利益の計画を立てた。

バーニーは感心しているようだった。

「計画をちゃんと実行に移しているようだね」彼は言った。

「それが重要なんだ。ただ座ったままで、幸運が目の前に舞い込むのを待つような真似はしてはだめだよ。欲しいものを明確にして、それを手に入れるためにそこに行くのだ。今年、あなたが達成したい売上目標はいくらだったかな？」


僕はその質問に驚いて、少しためらった。それはビジネスプランに書いてある。しかし、それがすぐさま思い浮かんではこなかった。

「その数字はすぐに口をついて出てこなければならないよ」バーニーは言った。

「それは心に刻み込まれているべきなんだ。それを紙に書いて、目につくところに貼っておくんだ。机の上に貼り、お金とともに財布の中にも入れておく。フロ場の鏡に書く。今年の売上と利益目標を、ね。

私はちょっと前に、新聞でとても興味深い記事を読んだよ。

ある会社が紛争し、管理者の何人かが親会社から独立して、会社を立ち上げた。

年間400万ドルの売上で資金繰りが大変だった。

その新しい会社の社長は5年間で3423万ドルの売上を達成するというプランをもっ

て、従業員に話したんだ。彼のプランは、3423万ドルのゴールにぴったりと到達するためにすべきことが12ヶ月単位で正確に記されていた。

そして、どうなったと思う？

5年後、彼らはゴールに到達した。彼らはぴったり3423万ドルの売上をあげたんだ。このことは、詳細なプランの持つ力、そして明確に設定されたゴールの持つ力を証明している。

心の中で、あなたのゴールに照準を合わせ続けなさい。

決して疑ったり、恐れたり、あるいは小さく考えて、そのゴールを汚してはいけないよ。小さく考えないことだ。

もしそうすれば、あなたがつくる会社はいつまでも小さいままだ。

会社はあなたの心を反映している。それはあなたのビジュアリゼーション、すなわち一番強く思っていることの写し鏡なんだ」

僕はこの白髪の老人が「ビジュアリゼーション」というなんとも不釣合いな言葉を何度も使うのを聞いて、おかしかった。

でも、彼が言っていることはとても納得のいくものだった。

そして、彼の論理はあきらかに多くの経験に裏打ちされたものだった。

バーニーは僕の反応を気にせず、話し続けた。


「もしあなたが、会社が成功して右肩上がりの業績で高収益をあげているビジョンを描くことができたならば、会社は成長し続け、成功するだろう。

しかし、もし成長する上でおとずれる困難、日々の会社運営の中でおとずれるすべての問題、個人的な言い争い、新商品を世に出すことによって起こる仕入先や販売会社との問題、キャッシュフローやその他諸々の問題にばかり意識を奪われたならば、あなたは結局何も作り出すことはできず、問題ばかりが増えるだろう。

しかしあなたが自分の成功のビジョンにフォーカスし続けるなら、そして1年後の、そして5年後の、あなたがなりたい姿の明瞭な映像を心の中に保ち続けるなら、それができたなら、最終的にあなたの成功をもたらす上で必要な力が揃うだろう。

明瞭なゴールにフォーカスし続けなさい。そうすれば、細部は宇宙が整えてくれる」

そのフレーズは大きなインパクトがあった。僕はそのフレーズを忘れない。

「明瞭なゴールにフォーカスし続ければ、細部は宇宙が整えてくれる」だって⁉

そんな簡単な話だろうか？

バーニーは、まるで自分が言うことはすべて当たり前の真実であるかのように、大いなる自信を持って話し続けた。


「自分の成功を生み出すことができるのは、自分だけだ。

そして自分だけが成功の邪魔をすることができる。

もし成功のビジュアリゼーションが疑いや恐れよりも強ければ、成功する。私の経験からも、そのくらいシンプルなものなんだ。

もし疑いや恐れに圧倒されるならば、それが日常生活の小さな疑いや恐れであれ、目標達成全般に関する大きな疑いや恐れであれ、それらの疑いや恐れは成功を妨げるだろう。それは、望むゴールよりも疑いや恐れを創造してしまったことになるのだ。

心に壮大な成功の絵を描き続け、それを成し遂げられるという確信を持たなくてはならない。あなたは自分自身のコーチであり、応援団長になる必要があるんだよ」

ウェイターがやってきた。

「ああ、もう一杯、コーヒーのおかわりをもらおうか」バーニーは言った。そして彼は情熱的に話し続けた。彼はまさにコーチや応援団長のようだった。

「『かもめのジョナサン』で知られるベストセラー作家のリチャード・バックが、たしか『イリュージョン』の中でだったと思が、『あなたが自分で決めた限界が、そのままあなたの現実となる』と言っている。

自分の限界について語っているとき、人はいつもそれを現実化している。

もし成功するのは非常に難しいことだと思い続けたなら、成功するのはとても難しいものになる。

成功というのは、『成功した状態がどのようなものか？』『どうすれば成功するのか？』と、成功に向かって考え抜かれた思考の延長線上にある。

失敗は疑いや恐れによって支配された思考の延長線上にある。

あなたが一番強く思っていることが、いつも現実となるんだよ。それは例外がない。自然の摂理なんだ。すべての思考はひとりでに目的を果たそうとする」

バーニーはコーヒーを一口すすった。

彼の言葉を忘れずに、ちゃんと覚えておかなくては。

「私が思うに、経営のスタイルはたったの二つだ。『危機に対応する経営』と、『ゴールに導かれる経営』だ。

『危機に対応する経営』をやっている人は、日常の問題に意識を奪われすぎて、一歩引いた目で大局的にビジョンを見つめることができない。彼らはいつもドップリと、ビジネスの深みの中に入り込んで働いている。そして日に日に消耗し、いつの日か将来のビジョンは消滅する。

彼らはおそらく最初はビジョンのようなもの、少なくとも何がしかの夢を持っていたはずだ。しかし、日々起こる問題によって生じるあらゆる不安がその夢を蝕んでいき、ついには破壊してしまうんだ。その夢には、もはや何の力もなくなってしまう……」

夢はこわれやすく、はかないものだが、一方で世界でもっともパワフルなものにもなりうる。ただそれは、常に補強され続ける必要があるんだ。そうすれば、それは潜在意識に強力に根づくだろう。

疑いや恐れは最小限に抑えておくことだ。

夢は堅実で達成可能なプランによって支えられている必要がある。

そうすれば、奇跡は起こる。夢にも思わなかった、あらゆる力が働き、あなたが夢を実現するのを助けるのだ。

それはまるで魔法のようなものだ。私は人生の中で、それが起こるのを何度も何度も見てきたよ」

「おっと！　つい、しゃべりすぎて、食べるのを忘れていた」

そう言って、長くて白い指でハムサンドイッチをつかんだバーニーに対して、僕の中に親愛なる気持ちが湧き出てきた。

この老紳士は、単なるビジネスマンではない。それを超えた存在、そう、まるで魔法使いだ。彼はビジョンを描く力について知っている。魔法を使えるのだ。そして、世界中にたくさんのハピネスを創り出すために、その力を使っていた。

〈Key6のクイック・レッスン〉

□　1年後に達成したい売上と利益の目標を明瞭に持ち、心に刻む。

□　疑いや恐れにゴールを蝕まれてはならない。決して、小さくまとまるな！　さもなければ、会社はいつまでも小さなままだ。会社はビジネスオーナーの心を映し出している。会社はオーナーがもっとも信じるビジョンを映し出す。

□　会社が成功し、右肩上がりの業績で成長し高収益をあげているビジョンを描き続けられたなら、会社は成長し、成功し続けるだろう。しかし、もし成長に伴う障害にばかり意識を奪われたのなら、結局何も作り出さず、失敗に終わる。もし描く成功のビジョンが疑いや恐れよりも強ければ、成功する。

□　1年後にどうありたいかの絵を心の中に描き続けたなら、成功をもたらす上で必要な力をそろえることができる。細部は宇宙が整えてくれる。

□経営には、たった二つのスタイルしかない。「危機に対応する経営」と「ゴールに導かれる経営」だ。「危機に対応する経営」は、いつもドップリとビジネスの中に入り込んでしまい、ビジネスを大局的にとらえて考える時間をとることは決してない。そして、未来のビジョンは消滅する。

□夢ははかなくこわれやすいものだ。ただ、それは世界でもっともパワフルなものにもなりうる。しかしそれは常に補強され続ける必要がある。そうすれば、それは潜在意識に強力に根づくであろう。そして夢は堅実で達成可能なプランによって支えられる必要がある。そうすれば、奇跡は起こる。あらゆる力が働き、夢を実現するのを助ける。

Key
7

十分に与え、そして与えられる

僕たちは、公園の周りをノンビリと風景を楽しみながら、事務所に向かって歩いていった。昼食後のちょっとした運動にぴったりだ。

「ここは本当に美しいところだね。心無い産業によって、汚されずに済んでいるのがいい」

ビジネスのプロ中のプロであるバーニーの口から出た「心無い産業」という言葉に、僕はびっくりした。もっとも、バーニーの話はいつも驚きの連続だが。

「地球の大部分を汚してきたビジネスのやり方は、本当に嘆かわしい、恥ずべきことだ。それはほかならぬ、すべて企業経営者たちの過ちだ。ヤツらは、株主と、自分たち自身のためにお金をいくら稼ぐかということが、世界でもっとも重要なことだと考えているんだ。でも、それはもっとも重要なことなんかじゃない。たしかに重要ではあるが、それよりもっと重要なものがある。

例えば、この美しくてはかなく壊れやすい地球を共有している、私たちの人生の質のようにね」

茶色のスーツを身にまとい、キラキラの金色のカフスボタンにタイピンをつけたこの老人が、「美しくてはかなく壊れやすい地球」について語るのを聞いて、僕は微笑まずにはいられなかった。

「ビジネスのオーナーになる上で、これだけは言わせてもらいたい。

所有することには責任を伴う。何を所有しようとも――それが家や車、ビジネスなど何であれ――それについて責任を負うのだ。それをメンテナンスする責任、そしてそれが世界に与えるインパクトについての責任を持つのだ。

マイホームを持てば、維持管理をしなくてはならない。さもなければその価値は落ちていく。

マイカーを持てば、ちゃんとメンテナンスをして、公害をまきちらすことがないようにしなくちゃいけない。それは法律にもなっている。

そして、ビジネスオーナーは、ビジネスが成長し、ますます利益を生み出すようメンテナンスをする責任を持つ。

たしかにそれは重要だ。しかし多くのオーナーが、そのオーナーシップの側面を見ていない、あるいは気に掛けていない。そして彼らの気づかないところで、つまりビジョンの欠如が、世界中にたくさんの問題を創り出しているんだ。

ビジネスオーナーは、従業員に対する責任も持つし、環境への責任も持つ。オーナー自身、幸せで健康的な生活を送りたいと考えるように、従業員が健康で幸せな生活を送れることへの責任を持っている。

規模の大小を問わず、多くの会社でそれが見過ごされているんだ。

安い賃金で従業員を使えるから、環境を汚すから、ということで外国に工場を移動させている大企業は、非常に大きな問題を招いているよ。

彼らは利益を優先するあまり、その他のことはすべて無視している。従業員たちは貧乏に耐え、そのビジネスは環境を汚しているというのに。

オーナーが理解しなければならないことは、従業員の幸福、そして環境の幸福に自らが責任を負っているということだ。

オーナーはこれらのことについて業績と同等に責任を担っているんだ。

長期的に見て、従業員を支えること、そして環境保護に貢献することはビジネスにとっても、業績にも良いことなんだ。

ヘンリーフォードは従業員に十分に給料を支払うことの大切さを理解していた。彼はこう言っている。

『フォード社の車を買えるように、従業員には十分な給料を払ってあげることが必要だ』と。それは素晴らしい感覚だ。

従業員に十分な給料を払ってあげなさい。そうすれば、彼らはそのお金を使うことができる。それは経済全体のために良いことであり、あなたのビジネスにとっても良いことであり、他のすべてのビジネスにとっても良いことだ」

僕たちはしばらく沈黙の中を歩いた。そしてバーニーは頭を悲しげに振って、続けた。

「心のない、不適切な、もっとストレートに言ってしまえば、不道徳なオーナーシップ。それは今、世に広がっているのだが、それが汚染の主な原因になっている。

そして同様に貧困の主たる原因にもなっている。

汚染と貧困は私たちすべての生活の質を引き下げることを意味する。なぜなら、私たちは地球という船に一緒に乗っているのだから」

彼は立ち止まり、公園の中をじっと見つめた。彼の瞳はヨーダのような、悲しみとユーモアが入り混じっていた。

「だから、あなたの従業員を大切にし、環境を大切にしなさい。

たとえ、短期的には業績に多少の影響をきたすとしても、だ。それは生き金だよ。

もし従業員を食い物にしたり、環境を汚すことなくしてビジネスを進めることができないようなら、そんなビジネスに携わるべきではない。誰もが、だ。

私はこのことに関して、どんな社長の文句も受け付けるつもりはない。すべてのビジネス、すべての産業は汚染を最小化できる。自分たちが作ったゴミを一掃することは、全面的に我々の責任だ。そして私たちは、言い訳や先延ばしにすることなく、それをすべきなんだ。

自動車産業をみなさい。世界中に汚染を広めている主要産業だ。

ヘンリーフォードは、コーンや大豆からつくった比較的きれいなアルコール燃料で走る車をつくれることを知っていた。

しかし彼の古くからの友人、ロックフェラーがそれは使わないよう忠告した。なぜなら、ロックフェラーはオイルビジネスに携わっていたからだ。

私は賭けてもいいが、もし彼らにその意思決定がもたらす汚染を見通す先見の明があったなら、ロックフェラーがきれいな燃料を扱っていたなら、この世界は住みやすい、もっと健康的な状態になっていただろう。

自動車産業は今、それらに対する大いなるチャレンジに直面している。彼らは先延ばしを止め、クリーンな燃料で走る車を創り出すべきなんだ」

彼はまたしても、この年齢の人とは思えぬほどに、熱くなっていた。烈火のごとく激怒するリア王のように見えた。

「そのことについて、何ができるだろう？

我々にはその力があるんだ。そして、地球規模の影響を与えるようなことで、私たち一人ひとりにできることがある。

それは、利益を出し始めたらすぐに、気前良く利益の何％かを世の中を良くするために活動する組織に寄付するのだ。寄付は気前良く、会社と個人の両方から行うといい。

すべての会社が気前良く寄付をすべきなんだ。

もし利益の出ている世界中のすべての会社が、利益のたった5％を貧困に困っている人々や環境のために働いている非営利組織に差し出したとしたら、それが与えるインパクトはどれほどのものになると思うかい？

その程度の寄付をしたって、彼らはちゃんとやっていけるさ。

しかも、自分のポケットに入る場合よりも、その5％の寄付金ははるかに良い働きをするだろう。

たったその程度のお金が、信じられないほどの衝撃をもたらすんだ。

もし地球上にいる人や会社の半分が、収入のたった5％を寄付しさえすれば、世界中の飢餓に苦しむ人たちに食物を与えることができ、ホームレスが住む家を与えられ、すべての子供たちが高校や大学に無料で通えるようになる。そして地球全体をきれいにすることができるのだ。

できるところから始めて、できることをやるんだ。それはすべて、いろいろな道をたどって自分に返って来る。それもいろんな形でな。信じてくれ」

言葉にするとちょっと気恥ずかしい感じがするけれども、僕は思った。

バーニー、あなたはビジョナリーだ。

僕たちはバーニーの車が停めてあるところまで来た。新車のキャディラックだった。

（オイオイ、あれだけ環境の話をしておきながら、キャディラックかよ⁉）

僕は突っ込みを入れたくなった。何か訳があるのだろうか。まあ、バーニーは、快適で安全な車に乗るに値するとは思うが……。彼はドアを開け、ちょっとためらってから言った。

「もう少しつき合う時間はあるかな？」

「もちろんです」

「このあたりをもうひとまわり、ぐるっと歩こう。ちょうどいい運動になる」

「向こう側にちょっとした、いい感じの公園がありますよ」

「ああ、いいね。ちょっと公園をぶらぶら歩こう」

僕たちはもう30分ほど、軽い会話を交わした。バーニーは木や花の美しさを楽しみ、それらの植物に溶け込んでいた。

彼は立ち止まり、どこかのお宅の庭先に咲くバラの匂いをかいでいた。彼は自分の家の前に巣をつくっている鳥について話をした。

その幼いひな鳥は、時々自分の巣からすべり落ちていたそうだ。そうすると、バーニーと奥さんは、大慌て。バーニーがガレージにあるはしごを使って巣に戻すまでの間、奥さんがひな鳥を守り、猫を近づけないようにしたらしい。

飛び始めたひな鳥を守ろうとして、いつもの茶色のスーツ姿のバーニーが、年老いた足で危険にさらされながらハシゴを登っている姿を想像した。

でもそれは、今まさに彼が小さなひな鳥のような僕たちの会社を守ってくれているのと同じことのようにも思えた。

再び、肝心な話に移った。

「高校を卒業したあとの最初の仕事を、今でも忘れることができないんだ。それは小さなビジネスで、とても成功していた。私は雑用係で、いろんなことをちょっとずつやっていた。

オーナーは大金を稼いでいた。それはもう、相当の儲けだったと思うよ。

しかし彼は、従業員にはできる限り最低限の給料だけを払い、私たちには全く利益を還元しなかった。

そして取引しているすべての仕入先の中から、いかにしてもっとも安く調達するかに腐心していた。

彼は、供給業者や従業員からできる限り搾り出して生まれたお金は、自分のポケットに入るものだと考えていた。そして彼はしばらくの間は正しかった。結局、莫大なお金を儲けたんだから。

しかし彼は、人生の質は、銀行の預貯金よりもはるかに価値があるということを理解する知恵は持ち合わせていなかった。

そして彼の人生の質は全くみじめなものだった。彼は常に従業員と紛争していた。

従業員らはいつも、『やってられるか！』と捨て台詞を吐いて、より良い条件の場を求めて会社を去っていった。

オーナーが、彼らに対して退職金を支払うなんてことは、もちろんなかった。

彼らはそんなオーナーに対して怒り狂い、仕事の引継ぎもなく途中で放り出して、職場が混沌とした中、会社を去っていった。

彼は常にストレスにさらされていた。

なぜなら従業員が辞めるたびに、その緊急事態に対処しなければならなかったからだ。

次から次へと危機が途切れることなく訪れ、彼はいつも仕入れ業者とトラブルを起こしていたんだ。なぜなら、彼はいつも彼らに支払う報酬を少しでもケチるためにプレッシャーをかけていたからなんだ。

彼は仕事に追われるばかりで、せっかく稼いだお金を使う暇さえなく、醜い訴訟での戦いの最中に、心臓発作で若くして死んでしまった。

結局、彼は長年稼いできたお金をほとんど使わないまま、ストレスによって人生を終わらせてしまったんだ。

私は彼の元で働いていたとき、彼を軽蔑していたよ。

すべての従業員がそうだったと思う。

でも、今では彼を可愛そうに感じるんだ。彼は理解に欠けていた。彼は知恵やビジョンを持ち合わせていなかった。

今までに一緒に働いてきた誰もが私に偉大な教訓を教えてくれた。しかし、その男は他の誰よりも大切な教訓を与えてくれた。彼は、人生の質は、稼ぐお金の量よりもはるかに重要であることを教えてくれたんだ。

彼のストレスは、世界中のすべての富を集めても決して見合うものではなかったわけだ。彼は一人で、みじめに死んでいったんだからね。

結局、彼の巨額の資産は彼にとっては何の価値もないものになってしまったんだ。

彼は〝与えるものが与えられる〟という法則を理解していなかった。

十分に富を貯えることの大切さを理解していながらも、周りに与えることができない人にとっては、この地上における地獄のようなものがある。私はそう確信している。

彼の致命的な欠点、それは彼が与えることができなかったことだ。

私は、『必要以上に巨額のお金には価値がない』という、アンドリュー・カーネギーの考えに賛成なんだ。必要以上のお金は、次世代の人々を堕落させ弱らせてしまうと思うんだ。そんなものは気前良く与えてしまったほうがいい！　金は、分け与えよ！

あまりにも多くの富裕者が1千万ドル、1億ドル、そして10億ドルものお金を眠らせているのは、病気だと私は思っているよ。

彼らがそのお金でどんな良いことができるか、考えてみなさい！

膨大な数のホームレスの人々が家を持って、食事にありつけること、あるいは環境をより良く守るためにできることのインパクトの大きさを考えてみなさい。

人一人が一生のうちに、いくらのお金を必要とするのだろう？　それが問題だ。

1000万ドル？

5000万ドル？

いいだろう。ならば、残りを与えるのだよ。

家族に与える？

それもいいだろう。一人につき1000万ドルもあれば、十分だ。そして残りを与えるのだ。富を循環させるのだよ。

ビジネスの世界にも、世界のために良いことをたくさんしてきた人たちがいる。しかし彼らはもっといろいろできるはず。何千もの貧しい子供たちのために大学進学資金を援助したり、子供のための児童館を建てた人だっているんだ。その人のことを聞いたことがあるかい？」

僕はうなずいた。ちょうど最近、新聞で読んだところだった。

「彼が自腹を切ってやったことをみなさい。

もし私たちが彼のような行動で一般市民を励ませたなら、世界中の問題を解決することができる。

利益が出たら、まずは自分の従業員に分け与えることから始めなさい。そして彼らを気にかけてあげるのだ。

そしてその次に、何か寄付をするにふさわしい、価値ある公的機関を探すといい。

私の古いボスは、決して誰もサポートしなかった。自分の子供さえもだ。

ましてや従業員は全く気にかけなかった。

彼は〝ビジネスの成功や一般的な人間関係の成功というのは、他人に貢献することの上に築かれるのだ〟ということを全く理解していなかった。

私たちは皆、私利私欲のために行動する。それは当然のことだ。

私たちのそれぞれがユニークな特徴を持ち、そして世界を形作るために独白の貢献ができる。

私利私欲を保ち続けることは、私たちが自分の可能性や人生の目的を完全に理解するためにとても必要なことだ。

しかし、ちょっと知恵がある人なら、周りの人たちをできる限り助け、ゴールに到達するのをサポートすることによってのみ、自分たちのビジョンが到達できることを理解している。それは素晴らしいシステムだ。

私があなたの背中の痒いところをかき、あなたが私の背中をかく。自分では背中をうまくかけないいんだよ。

誰か他の人にやってもらったほうが、はるかに気持ちがいいものだ。そして背中をかいてもらうことが気持ちいいと誰かに教えてあげることは、さらに気持ちがいい。

昔のボスは、おそらく彼が私にとって偉大な先生であったことを、本人は知らないだろう。

彼は私に偉大で重要な教訓を教えてくれた。

彼は私に、ビジネスをどのようにやってはいけないか、を教えてくれた。

そしてこれはもっとも重要なことなのだが、彼は私に優先順位の価値を教えてくれた。

お金は人の価値を図る最終的なモノサシではない。それよりもはるかに重要なものがある。それは私たちが送る人生の質なんだ。

他人とのつき合い方、そして環境とのつき合い方、他人にするサービス、他人に対する愛と思いやりの心。私たちの人生の目的、そしてそれをどれだけやりきるか。周りの人や地球への公的な貢献。それらが人生において本当に重要なことで、それこそが人の価値を計るモノサシなんだ。

普段の人生と同様にビジネスにおいて、もっとも覚えておかなければならない言葉、そして実践しようと努めるべき言葉は、愛、思いやりの心、忍耐、そして気前の良さだ。それは自分に対して、そして周りの人たちに対してもだよ」

僕たちは黙ったまま、彼の車まで歩いて戻った。考え込まずにはいられない話だった。

〈Key7のクイック・レッスン〉

□ ビジネスオーナーは自分の従業員、コミュニティ、そして環境に対して責任を負っている。

□ 長期に渡って、従業員を支え、環境を癒すための手助けをすることは、ビジネスにとっても、業績にとっても良いことだ。もし人々から搾取したり、地球を汚さなければできないようなビジネスなら、それははじめから手をつけるべきではない。

□ 世界を改善しようと努めている組織に対して、利益の一部を気前よく寄付しよう。それはいくつもの道筋を経て、自分に返って来る。

□ 人生の質は、稼ぐお金の量よりもはるかに重要だ。そして、どんなに巨額のお金をつまれても、そこに価値はない。それは、分け与えたほうがいい。会社やビジネスに携わる個人には、人を助けたり環境を癒すために、もっとやれることがある。

□ 一般に、成功しているビジネスそして成功している人間関係は、周りの人々への貢献のもとに成り立っている。私たちのビジョンは、できる限りの最善を尽くし、彼らがゴールに到達するのを手助けすることによってのみ、実現する。

□ お金は人の価値を計る最終的なモノサシではない。それよりもはるかに重要なものがある。それは、私たちが送る人生の質だ。周りの人への接し方、環境の扱い方、他者への貢献、周りに対する愛と思いやりの心、人生の目的、そしてそれをどれだけやりきったか。周りの人たちや地球へのポジティブな貢献。そういったものが重要だ。

□ 普段の人生と同様に、ビジネスにおいてもっとも覚えておかなければならない言葉、そして実践しようと努めるべき言葉は、自分自身と他の人たちへの愛、思いやりの心、忍耐、そして気前の良さだ。

Key 8

その仕事に情熱を持った人を雇う

数ヶ月があっという間に過ぎた。
時間があまりに早く過ぎ去り、僕は今では自分の時間のすべてを仕事に充てていた。時間がすばやくオフィスを駆け抜けていった。

僕はしばしば時計を見て、そのたびにすっかり遅い時間になっていることに驚かされた。「その日すべきことをやり終えるのに、時間が全然足りない」と気づき、ときどきパニックに陥った。

やるべきことをすべてやるには時間が足りなかった。しかし、そんなときバーニーのことを思い出した。

彼は忙しいはずなのに、常にリラックスしているように見えたし、いつもいくつかの話を聞かせてくれるだけのゆとりを持っていた。その記憶が、僕に安心感を与えてくれた。ただその日できることだけをやればいい。残りは明日に繰り越してもいい、と。

数ヶ月の間、バーニーからは連絡がなかった。そして、ある朝、新しい受付スタッフが、オフィスに新しく備え付けた電話システムで僕を呼んだ。

「バーティーとか何とか言う方が、社長に会いたいと言っています」

「バーティー？　バーニーじゃないの？」

「ちょっとよくわかりませんが、たぶん、そんな名前だったと思います」

それはやはり、バーニーだった。

「新しい受付嬢かね？」彼は言った。

「あ、ええ、彼女は3ヶ月前にここに来たのですが、まだ教育中でして……」

「会社で何が起きているのかを受付が把握している、ということはとても重要なことだ。それは本当に重要な仕事だよ。なにしろ受付はその会社に訪れるすべての人と最初に接触するのだからね。

彼女が私のことを知っているとは思わないが、彼女はあなたにとっての主要な人物、そして普段何が起きているのかを知っていたほうがいいな」

バーニーは謙遜していたが、本来なら受付は彼のことを知っているべきだった。当然のことだ。うかつだった。僕は彼女とちゃんと時間をとって話しをし、僕たちが日常的に接触するすべての人たちを彼女に理解してもらおう、と心の中にメモをした。

「今週の後半で、ランチでもどうだい？」彼は尋ねた。

「もう6ヶ月が経った。半期の報告書はできているかな？」

「もちろんです」つい、真実を捻じ曲げて答えた。彼に会うまでに、報告書をまとめなくては……。

僕たちは彼のホテルの部屋の、いつものようにロビーを見渡せるバルコニーに座った。僕たちは計画にかなり近いところで進めてきた。目標売上には達していなかったが、もうちょっとのところまで来ていた。

そして新しい電話システムをはじめとして、いくつかの想定外の出費があった。バーニーがアドバイスしてくれたように、計画した予算の15％を予備費として追加しておいて本当に良かった。もしそれをしていなければ、僕たちの会社は大変なことになっていただろう。

「いい報告書だ」バーニーは言った。

「あなたは仕事を計画し、計画通りに実行している。計画を立てて見直すことを続けることだ。決して自己満足に陥ってはいけないよ。船には航路が必要なんだ」


僕は、ビジネスは僕にとって船のようなものには感じないとバーニーに話した。

それはまるで波止場にただただたたずんでどこにも行けないでいる、古い大きな遊覧船のようだった。僕たちは、引っ張っても引っ張っても、その遊覧船をピクリとも動かせない小さなゴムボートのように感じていた。


「それは面白い例えだね。それはあなたのビジネスにおけるイメージ、ビジュアリゼーションを反映している。そしてそれは、あなたが『そのビジネスは全く前進しない』と信じていることを表している。

あなたはそのビジュアリゼーションを変える必要があるよ。

あなたはそれを動かさなくてはならない。もしあなたがビジネスをピクリとも動かない大きな遊覧船のように見れば、それは現実になる。

その遊覧船が動いているのを想像し始めなさい。はじめはゆっくりであっても。そして、それが勢いをつけ、それ自身の力で動くのを思い浮かべなさい。

そうすれば、あなたは小さなゴムボートを必要とはしなくなるだろう。

遊覧船が水をかき分けて進む姿を思い浮かべなさい。あなたを乗せながら優雅に進む遊覧船を。素晴らしい航海を楽しんでいる自分自身を思い描くんだよ！

いいかい、あなたが心の中の捉え方、つまりあなたのビジュアリゼーションを変えるや否や、ビジネスは変わるのだ」

信じます、と僕は言った。


「先日、ラジオで素晴らしい話を聞いたよ」

バーニーはルームサービスで届いたハムサンドイッチをほおばりながら言った。

「それはペプシコのCEOについての話だった。彼の名前は何と言ったかな……ちょっとど忘れしたが、とにかく、彼がその会社にいた5年間に、年間30％の利益成長を毎年果たしていたそうだ。

彼の成功の鍵は、会社が三つのシンプルなルールに沿ってきたという事実によると言っ

ていた。それは簡単に覚えられる。私はそれらはとても創造的だと思ったのだが、彼のルールとは、

（1）変化を愛する
（2）ダンスを学ぶ
（3）J．エドガーフーバーを置き去りにする、の三つだ」

（ん、なんだそれは⁉）

僕の頭の中は「？」だらけになっていた。

「ちょっと説明が必要だね。

最初のルールはあきらかだ。変化を受け入れることを学び、むしろ変化を愛するぐらいになりなさい、ということだ。

人生は変化の連続だ。そして私たちはその変化を愛することを学ぶか、その必然的なことに逆らうか、どちらかだ。

そしてすべての人と同様、すべての会社はいつも変化している。

世界は常に変化している。テクノロジーは変化する。人々の嗜好も変化する。彼らの

ニーズや望みも変化する。

その変化を自分たちのビジョンに生かす会社もあれば、生かせない会社もある。変化を生かせない会社は、そう長くは生き残ることはできない。

100年前、馬車用のムチの販売はビッグ・ビジネスだった。

しかし時代は変わり、自分たちは馬車用のムチを売る商売だと考えていた人たちは潰れていった。

しかし、自分のビジネスは交通関連のグッズを売る商売だと捉えていた人たちは、皮製のシートカバーや自動車電話や、その他のものを売って、ちゃんとやっていっている。


二つめのルールは、ダンスを学ぶということだ。

それは、すべてのお客さん、販売会社、仕入れ先、あなたと一緒に働くすべての人と踊りなさい、という意味だ。

私はこの表現が好きでねえ。私たちが人とのダンスをよりスムーズに、よりテクニカルに学べば学ぶほど、つまり、できる限り彼らが求めるような最高のサービスや質の高い商品を提供するほどに、私たちがゴールに到達するのは早くなる。

仕事における周りの人との関わり方は、ケンカではなくダンスのようであるべきだ。関わるすべての人が幸せになるように、彼らと創造的に働こう。どちらも幸せになるような、双方良しとなる解決の道を探すのだ。共にダンスを踊るように！　それが物事を解決する素晴らしいやり方だ」

「三つめのルールを覚えているかい？」

「J・エドガーフーバーについてなんとか、と……」僕は思い出しながら言った。

「J・エドガーフーバーを置き去りにする、だ。この意味がわかるかね？」

「いえ、全くわかりません。何ですか、これは？」

「J・エドガーフーバーは、FBIの近代システムをつくり、1900年代に指揮をとった、かなり厳しい人物で、従業員を完全にコントロールしようとする行動で有名な経営者だ。

悪名高いといったほうがいいかな。

彼のマネジメント・スタイルは、完全に独裁者のやり方だった。すべてがトップダウンで、経営陣がすべての者に何をするかをきっちりと指示していた。少なくとも、そのことでは評判だった。

彼を置き去りにせよ、とは、それぞれの従業員に自分の仕事において自分のやり方でやる責任を与える、という意味だ。

それは、J・エドガーフーバーが嫌うであろう、無干渉主義のマネジメントだ。

良い人を雇い、彼らの責任を明確に定義し、彼らにそれを自分のやり方でやらせるのだ。人それぞれやり方には違いがある。責任感のある人を雇い、彼らに自分に合ったやり方で仕事をさせる。以前にも言ったように、従業員を大人として扱う。そうすれば、彼らは大人として振舞ってくれる。子供として扱えば、彼らは子供として振舞うだろう」

彼の話はとても納得の行くものだった。彼は物思いにふけりながら、コーヒーをゆっくりと一口すすり、そして続けた。

「トップダウンによるマネジメントの代わりに、ボトムアップによるマネジメント・スタイルをとるべきだ。

それには、すべての責任を担う一人の人がトップにいなければならない。

その人は、その全体のオペレーションの成功への責任、ビジョン実現への責任、会社の長期プランについての責任、そして長期プランを「今すぐ取り組むべきはじめの一歩」に落とし込んだ短期プランに翻訳する責任を持つのだ。

しかし、実際にその仕事をする人たちは、自分自身の仕事のマネジメントについて完全に責任を持つべきだ。

彼らは社長に、その仕事をするための自分が考える最善の方法を伝えるべきだ。

かなり多くの社長から、いかに良い従業員を見つけることが難しいか、という話を聞かされてきた。

だがそれは、従業員よりもむしろ社長の考え方のほうに問題があると私は思う。

私は今までに一度も、良い人材を探すのに困ったことはない。一度もだ。あるいは彼らをひきとめておくことについても同様だ。

世の中は良い人で満ち溢れている。もし彼らを大人として扱い、尊敬の念を持ってつき合えば、だがね。

彼らを責任ある存在として認めれば、彼らは責任感のある行動をする。もし彼らに挑戦を促せば、彼らは奮起してそのチャレンジに挑むだろう。もちろん、多少の例外はあるが。

しかし私が雇った大多数の人たちは、本当によくやってくれていた。

私が人を雇う際の、ちょっとした一つのシンプルなルールがある。

それは、「その仕事に情熱を持つ人を雇え」だ。

世の中にはたくさんの違う種類の仕事があるように、多くのさまざまな種類の人々がいる。

繰り返しの仕事もあれば、たくさんの細かな作業が要求される仕事もある。

そのような類の仕事が本当に好きだという人がたくさんいる一方で、そんな仕事はごめんだ、という人もいる。


私の知人のあるビジネスリーダーが、人には3種類いる、と言っていた。

それは一般化しすぎな面もあったが、しかし実に的を得た表現だ。彼は、【職人】と【マネージャー】と【起業家】がいると言ったんだ。

職人とは、細かな仕事をするのが好きな人たちだ。彼らは実務的な仕事を楽しむ。彼らは与えられた任務を完璧にやり遂げることが好きだ。

しかし、彼らはマネジメントの役職を与えられると、適性を欠いているため、たちまちうまくいかなくなる。

彼らは人とつき合うのが好きではない。彼らは仕事それ自体を楽しんでいるのだ。それから、真のマネージャーは人とのつき合いが上手なんだ。

そして真の起業家は新しいビジネスや新しいプロジェクトを立ち上げるのに必要なリスクをとることができる。

もしマネージャータイプか起業家タイプかを見分けたければ、良い見分け方があるぞ。彼らのガレージを見てみなさい。

マネージャーのガレージは道具がどこにかけておくかが、図で壁に表示され、きっちりと整理されているはずだ。

そして起業家タイプのガレージは、仕掛かりの仕事や、手付かずのプロジェクトの書類でごったがえしているだろう」

僕は笑うしかなかった。その見分け方によれば、僕は確実にマネージャータイプではなく、起業家タイプだった。

「それは一般化した例えに過ぎないけれど、けっこう的を得ている。職人向けの仕事には職人を雇わなくてはならない。マネージャーの仕事にはマネージャーを、だ。

そして決して起業家タイプは雇ってはいけないよ。なぜなら、彼らは人のために働くことを幸せに思わないからだ。

彼らが開発の楽しみを見出せるような、本当に創造的なプロジェクトを用意して、そして理想的には彼らが最終的になにがしかの所有権を持てるようでない限りはね」

彼はハムサンドイッチをじっと見つめた。

「ここは、新しい料理長に変わったようだな。このサンドイッチは先週のと味が違うぞ……」

彼は注意深く分析しているかのように、サンドイッチを観察していた。

「この出来事は、ビジネスにおけるもう一つの重要な原則を示しているんだ。それは、常にコンスタント（均一）であれ、ということ。

世の中が変わっても、人はできる限りコンスタントであることを求めるのだ。マクドナルドはとても人気があるが、それは全国どこに行っても、完全に味がコンスタントだからだ。たいした味ではないにしてもね。

私はロシアや中国でマクドナルドを食べたことはないが、アメリカ国内ならどこに行っても、完全に同じ味のハンバーガーが出てくる。それを、みんな知っている。

その点、コカコーラはどうだ？　製法に手を加えて味を変えてしまうという、大きな間違いを犯したじゃないか。

その後、クラシック・コークで挽回したが、その損害は高くついた。彼らはコンスタントの原則を忘れたが故に、大間違いをしたのだ。

つき合うすべての人たちと、できる限り、コンスタントであるよう努めなさい。

できる限り最高の製品を創り、最高のサービスを提供できるよう努めなさい。

そして、そうすればあなたがなすことは、完全にコンスタントなものとなるだろう。

それはあなたに課せられたチャレンジだよ」

僕は、賛同せざるを得なかった。

〈Key8のクイック・レッスン〉

□変化を愛する。世の中はいつも変化している。変化を自分のビジョンに生かす人たちが生き残り、繁栄する。

□ダンスを学ぶ。仕事における人間関係はケンカではなくダンスのようであるべきだ。人々とスムーズに、そして上手にダンスすることを覚えるほどに、そして彼らが求めるできる限り最高のサービスと品質の製品を提供するほどに、ゴールに到達することは容易なものとなる。

□エドガーフーバーを置き去りにする。すべての人に何をすべきかを正確に指示する、トップダウン型の独裁者のマネジメントは効率的ではない。それは、深刻な失敗の坂を転げ落ち、従業員のモラルを低下させる。有能な人を雇い、彼らの責任を明確に定義し、彼らのやり方でそれをやらせる。

□ その仕事に情熱を持てる人、その仕事に合った人を雇う。職人的な仕事には職人を、マネージャーの仕事にはマネージャーを雇う。

□ 世の中が変わっても、人はできる限りコンスタントであることを求める。つき合うすべての人に対して、できる限りコンスタントであるよう努力する。最高の製品を創り、できる限り最高のサービスを提供するよう努める。そうした後は、完全にコンスタントであるように努める。

Key 9

直観が発する小さな声を聞き、それを信頼する

ビジネスはとても順調に進んでいた。

僕たちは確実に「仕事を計画化し、その計画を実行」していたのだ。

ときには、成功を予感させる、ワクワクした空気さえも漂っていたほどだ。

まだゴールには到達していなかったが、着実に前進していた。僕が思い描いていた重い遊覧船は、少しではあるが動き始めていたようだ、少なくとも僕の頭の中では。


バーニーとの面談から1ヶ月ほどがあっという間に経過した。そして、また彼から電話が入った。

それは、自宅でのランチのお誘いだった。僕はそのチャンスに跳びあがるほど喜んだ。

彼がどんな自宅に住んでいるのかが、興味津々だった。


彼は郊外の、美しい丘の連なる地域に住んでいるとのことであった。

僕はある金曜日の午後、そこに向かって車を走らせていた。それは気持ちのいい秋晴れの日だった。空気は澄み渡り、おいしく感じられた。

車を走らせながら、「そういえば最近は、オフィスから出て、新鮮な空気にふれていないな……」ということに気がついた。

ときどきはビジネスから離れて、新しいものの見方をしたり、仕事とは関係ないことをする必要があるとそのとき強く感じたのだった。

バーニーの自宅の道順は少し難しかった。というのも、彼の自宅は幹線道路からかなり離れたところにあったからだ。

少し探し回ったあと、彼の家の開かれた門にたどり着いた。緑一面の丘にあがっていくまで、長いドライビングロードが続き、ついに彼の自宅、松の木に見え隠れした美しい白い建物にたどり着いた。

スウェットスーツにモカシン姿のバーニーは、ドアの前で僕を歓迎してくれた。

彼の髪はいつものように清潔にくしでとかしつけてあった。

彼は颯爽として、とても健康的だった。

そして家の中を案内してもらったのだが、彼はときどき立ち止まり、特殊な芸術品や家具がどこから取り寄せられたかを説明してくれた。

彼の自宅案内は、ちょっとしたツアーのようだった。

それぞれの部屋が異なるテーマを持っていて、リビングルームは、ネイティブ・アメリカンの芸術品や彼の奥さんのペインティングであふれていて、南西地方の砂漠のテイストだった。

そしてダイニングルームのとなりのファミリールームはエキゾチックな花や植物のデザインのスクリーン、チベットやインドの布にペイントしたものなど、アジアの芸術品で満たされていた。

そして驚いたことに、瞑想やヨガのための部屋まで用意されていた。

家具は控えめで、主にクッションや音響システム、そして静かに平和なエネルギーを放射しつつ座っている仏像があった。

家の向こうには、浴槽を端に備えたプールがあった。家とプールは丘の先端にあり、その景観は例えようもなく素晴らしいものだった。

左には大きな建物が立ち、一方、右側にも大きな建物があった。

それらは見事なバランスで釣り合っていた。

左側にはゲストハウス。それは古き良き時代のアメリカをテーマに、美しく整えられていた。

台所のシンクの端には手動の井戸が備え付けられ、まるで一世紀前の農場のようだった。

右側の建物はアトリエ。それは大きな風通しの良いスペースが中央にあり、全面に窓があって景色を見渡すことができた。

バーニーの奥さんがアトリエの中にいた。その晴れやかな女性の名はルシアといった。

その名前は彼女にとっても合っていた。

彼女は華があり、笑顔で迎えてくれた。

彼女の作品は、出身地である南米を思わせる、キラキラとした色彩で彩られていた。

彼女の豊かな髪は後ろでまとめて、カラフルな布で結い上げられていた。それはただの布ではなく、輝く宝石がちりばめられた布だった。

彼女は僕との対面をとても喜んでくれて、やさしく握手をしてくれた。

僕はバーニーがこのような女性を奥さんとして見つけたこと、そして彼女がバーニーのような素晴らしい男性を見つけたことに幸せを感じた。

二人の間には温かくて、はっきりとした愛情に満ち溢れていることが見て取れた。

ルシアはペインティングを続けた。

そして私たちはキッチンに戻ることにした。

回転式の円卓の上には二つの大皿があり、一つは肉やチーズ、アボカドのスライスや野菜が盛られていて、そしてもう一つはぶどうとみかん、そしてパパイヤやマンゴーのような南国系のフルーツが彩り豊かに盛り付けられていた。

その上、バーニーはおいしいコーヒーも淹れてくれた。

それらをたらふく平らげた後、僕たちはコーヒーを持ってリビングルームに移り、大きな窓の前に座ることにした。

その窓からは、無数の松の木が生い茂った丘が延々と続く素晴らしい景観を見渡すことができたのだが、それは遠くに行くほど光り輝き、創造主の力に畏敬の念を抱かずにはいられない、素晴らしい景色だった。

僕たちは窓の正面に静かに座った。昼食は時間をかけてゆったりととったので、太陽はすでに西のほうに傾き、沈みかけていた。

「ただこの窓を眺めながら、ここに何時間も座るんだ」バーニーは言った。

「それが私の瞑想の一つでね」

数分間が静かに流れた。僕はバーニーが言わんとしたことがよくわかった。そこにただ座って、快適な静けさに身をゆだね、丘を覆い尽くす木と雲が織り成す光の変化を眺めているだけで、本当に平和で幸せな気分に浸ることができたからだ。

バーニーはその沈黙を破って、静かに話し出した。

「瞑想は重要だよ。それが座っていようが歩いていようが、また、自然の中でのキャンプであろうが魚釣りであろうが、はたまたその他のどんな方法であれ、ね。

しばらく静かにしていられるどんな方法でもいいので、テレビやラジオから離れて一人で静けさに身を置くことだ。

瞑想は、肉体や心、感情、そして精神に、あらゆる種類の利益をもたらしてくれるんだ。瞑想のもっとも素晴らしい効果の一つは、直観が発する小さな声を聞き取れることだよ。私たちはみな、多くの内なる声を聞いている。そしてその中にある直観の声は、落ち着いていて、明瞭で、自信にあふれている。そしてそれはいつもポジティブで守られている感覚を与えてくれるものだ。

私たちの直観はいつも完璧に、正しい答えを知っているものだ。どの瞬間においてでもね。

ビジネスで成功するには、直観的である必要があるよ。直観を発見し、それを信頼するのを学ぶことが重要だ。それには、瞑想が一番の方法だと思うよ。

マークは直観にしたがっている、と直観が私に告げたから、あなたを応援することにしたんだ。

そしてそれが成功するために必要なもののすべてなんだ。

直観は、しかるべきときにしかるべきことをするよう、あなたを案内してくれるだろう。あなたが人生の目的に沿ったことをするようにね。

あなたは、ＭＢＡをとる必要もなければ、会計士の資格をとる必要も、またコンサルタントに教えを乞う必要もない。

他の成功したビジネスのコピーをする必要はないのだ。

ただ、心が告げることをすればいい。そうすればあなたは導かれ、一歩一歩前進し、ゴールに到達するだろう。いつも次の一歩がはっきりとわかるようになるよ」

またしばらくの間、静かな時間が流れた。

彼のリビングルームは全体的に静かだった。そう、まるでお寺のように。

僕はそのような静かな場所に行ったことがなかった。

そこでの時間は、まるでラジオが流れているかのように、自分の考えを意識できた。今までいかに瞑想のようなことをしてこなかったか、にも気づかされた。

僕はバーニーとルシアが彼らの自宅の中に創り上げた、この平和な静けさの中に座っていられることに、ありがたさと誇りを感じた。

彼は再び静かな声で話し始めた。その場の神聖な雰囲気を壊さず、むしろそれを大切に扱うかのように。

「今日、あることについて考えていた。それは我々の人生の質に影響を与えるものなのに、滅多に語られないことだ。

私は人生を形作った特別な出来事を思い起こして、それによって創り上げてしまった強い思い込みを発見することがいかに重要か、ということを考えていたんだ」

僕は窓から視線をはずし、バーニーを見た。

彼は椅子に気持ち良さそうにもたれかかって座っており、まるでお祈りをしているかのように、彼の手は胸前で小さな三角の形を作っていた。

もしかすると、この瞬間は僕の人生の中で特別な出来事の一つになるのかもしれない。そう感じた。

「すべてのビジネスはオーナーの意識を反映している。これは事実だ。ビジネスを成功させ、より良い人生を作り出すために、自分の人生についてよく考え、心の動きをよく観察することが重要だ、と本当にわかっているビジネスオーナーは極めて少ない。

自分の心がどのように動いているのか、どのような強い思い込みを抱いているのかについて考えてこなかったために、自らの成功をぶち壊しにしてきたビジネスオーナーはあまりにも多い。

私には何年も前、ビジネス上のメンターがいた。

彼は切れ者で、多くのことを教えてくれたよ。

しかし、彼もまた、人生やビジネスに悪影響を与える、恐ろしく否定的な思い込みを抱えていたんだ。

彼はビジネスを成功させるには、もがき苦しまなければならないと信じていた。そして、当然のように彼のビジネスは永遠にもがき続けていた。なぜなら彼は『成功するには、過酷な労働をしなければならない』と信じていたからなんだ。そして実際、あまりにも過酷に働きすぎて、健康を損なってしまった。

当然のように彼は晩年を通して病気がちになっていた。

彼はやるべきことを成し遂げるための時間は全く足りないと思い込んでしまい、そのため、彼は人生を楽しむためのバケーションをとったり、新しい趣味を見つけるなんていう時間を持つことは決してなかった。

そういった信念は現実化する。我々が心の奥底に抱えている思い込みは、すべて最終的には現実化するのだ。

ビジネスで成功をおさめるためには、成功するビジネスを作り出す力があると、深く信じることが絶対に必要なんだ。そして豊かに生きるためには、自分には豊かさを受け取る価値があり、賢くお金をやりくりできると信じることが不可欠なんだよ。

私のメンターは、その他大勢のビジネスにおける成功者と同じだった。

彼は自分が成功するビジネスをつくる方法を知っていると信じていたが、彼は人生の質を深く傷つけるくだらない思い込みもたくさん持っていた。

私はできることなら、今知っていることをそのとき、知っていたかったよ。今あなたに話していることを、彼に話してあげたかった。

もちろん、彼は聞く耳を持たなかったと思うがね。

彼の思い込みはあまりにも深く心に染み込んでいたので、決して変わろうとしなかっただろう。

彼は自分の信念が人生にどのように影響を与えているのかを振り返ってみようとすらしなかった。だから、人生を十分に吟味しないということは、生きている価値がないと言える」

僕はこのことを以前にも聞いたことがあったが、バーニーの言い方には新しい意味が感じられた。

「『森の生活』の著者の思想家H・D・ソローがそれを言ったんだ。しかし彼は、『人生を吟味しない人々は、価値のない人生を送っている』と、人を裁こうとして言っているのではないと私は思うよ。

彼が言いたいのは、もし自分の人生をよく吟味しないなら、その人が創り出す人生の質は、本来送れたはずの人生と比べて、全くレベルの低いものになってしまう、ということだと思う。

私たちは育ち、常に学び、自分自身や他人のためにより良い人生をつくるためにここに生かされている。そして、もし私たちがその約束を果たさないなら、なぜ生きている意味があるのか?」

静かな沈黙の時が流れた。

「定期的に人生を振り返る時間をとることは、とても重要なことだよ。きわめて重要なことだ。

最初にすべきことは、過去を振り返ることだ。できる限り、明確にそして自分に正直に。そして、人生を形作った重要な出来事や影響を発見するのだ。

私たちは、自分の考え方やものの見方を形づくる重要な出来事〈シェイピング・イベント〉を、人生の中で体験している。世の中や、我々自身、そして世界の動き方についての私たちの主たる思い込みを、その出来事や人々がもたらしたのだ。

私たちは皆、さまざまな〈シェイピング・イベント〉を体験してきた。

虐待などの暴力的なひどく痛々しい出来事を体験した人もいる。

〈シェイピング・イベント〉の中には、痛々しい体験によって出来上がるものもあるし、パワフルでポジティブな体験によってできるものもあるし、何気ない瞬間にできるものもある。

例えば、誰かからの適切なタイミングに言われたちょっとした一言が我々に影響を与えるようなこともあるんだ。

〈シェイピング・イベント〉の中には、とても良い思い込みにつながったものもある。そのような瞬間は忘れないよう記憶しておくべきだ。

そしてそれらは勇気付けられ、サポートされるべきだ。

私たちには皆、人生の中で自分の可能性を見出し、いろいろな形でサポートしてくれた人がいるはずだ。最悪の環境の中にいる子供でさえ、たいていは先生や両親やその他の誰か、励ましてくれる人がいる。

あるいはそのような人がいないとしても、自分の心の中に、励まし力づけてくれるインスピレーションの泉を見出すことができる。

人は皆、子供のときに、才能の芽を持っている。しかし、疑いや皮肉、不誠実な態度などで、その才能を壊そうとする、他からの力も受けているんだ。

私たちはこれらのことを時々よく考える必要がある。

それらの否定的な出来事によって形づくられた瞬間を、特定するのだ。そして、その結果として創り出された否定的な思い込みを見つけ出すべきだ。

いったんその思い込みに気づくことができたら、それは忘れてしまっていいよ。なぜなら、それらは真実ではないからなんだ。私たちがそれを信じたから勝手に出来上がっただけのものだからね。

今話していることは、意識化するプロセスだよ。すなわち私たちを操縦する力に気づくための、そしていかにそれらの力を我々が操るかを学ぶためのプロセスだ。そして、いかに運命を形づくり、いかにパワフルになるかを決めるものだともいえる。要するにいかに私たちが人生の中で欲しいものを成し遂げるかの秘訣なのだ。

それが自伝を書く価値なんだよ。

私は誰もが自伝を書くべきだと考えている。あるいは、すくなくとも、心の中にある強い思い込みを形成している瞬間について、よく思い起こしてみるべきだ。人生に決定的な影響を与えた〈シェイピング・イベント〉を書き出し、思い出せるようにしておくんだ。

人は誰もが、どのようなものであれ、生まれもっての才能がある。そして、子供はみんな、それを知っているんだ！

しかし、大人になるにつれて、人は自分の信念を壊す、くだらない思い込みを拾い集めはじめるんだ。

そういった思い込みはよく見極め、くだらないものはどさっと捨てることが重要だ。

人は何でもできる。心が望むことは何でも。

もしあなたがそれを実現できると信じていれば、成し遂げられることに制限なんてないんだ。

あなたが真実だと信じたことが、経験を通して真実になる。だから、自分の思い込みをよく吟味しなさい。そして、あなたを力づける思い込み、信念だけを創り上げるのだ」

バーニーは権威に満ちた表情で、雄弁に語った。それは、まるで大観衆の前で話しているかのような立派な演説だった。彼の言葉は刺激的だった。僕はその言葉を覚えていられますように、と願った。

「自分を十分に信じているとき、あなたのもっとも重要な望みは意志となる。そして、あなたの意志は現実の世界に表れる。それは自然の摂理だ。意志が結果を生むのだ。

私たちの思考と言葉はパワフルなんだ。なにしろ、私たちが生活において望むものを作り出してくれるのだからな」

再び沈黙が訪れた。空は、やわらかく淡いブルーと、綿を裂いたような繊細なピンクの雲とが幻想的な景色を織りなしていた。太陽は沈み始めていて、そのあまりの美しさに、心が満たされた思いがした。

「そうあって欲しいと願えば、まさにそうなる」

バーニーはささやくような声でつぶやいた。

〈Key9のクイック・レッスン〉

□ 人生と仕事において新鮮な見方ができるように、時にはビジネスから距離をおくことが重要だ。

□ 座っていても歩いていても、あるいは自然の中でキャンプをしていても、どのような形でも良いので、瞑想することが重要だ。瞑想の効果は肉体、心、感情、そして精神性などすべてにおいてもたらされる。

□ 瞑想を通して、静けさと明確さ、そして確信に満ちた直観の声を見出すことができる。ビジネスにおいて成功するためには、直観的であること。直観を見出し、それを信頼することを学ぶことが必要である。

□ すべてのビジネスはオーナーの意識を投影している。ほとんどのビジネスオーナーは、自分の人生をよく吟味することの大切さを理解していない。そしてビジネスの成功と同様、より良い人生を創りだすために、自分の心がどのように作用するのかを学ぶことの重要性も理解していない。しかし、それは非常に重要なことだ。

□人は皆、幼少期か少年期につくられた強い思い込みを持っている。そしてこれらの思い込みは、勝手にできたものである。

例えば自分には可能性や創造性がある、というような肯定的な思い込みは、守り、引き伸ばしてあげることが大切だ。

一方、「成功するのは難しい」とか「多大なる犠牲を払わなければ成功はできない」というような否定的な思い込みは、その存在に気づき、追い出してやらなければならない。

否定的な思い込みは真実ではない。それは自分がそれを信じたから勝手に出来上がっただけのものに過ぎない。

□人は皆、なにかしらの生まれ持っての才能がある。もし信じさえすれば、成し遂げられることに限界はない。自分のことを信じるとき、もっとも重要な望みは意志となる。

そして意志は現実の世界に表れる。それは自然の摂理。意志は結果を生み出す。

Key

10

会社の成長段階に合わせて、つき合い方を変える

僕はバーニーと過ごすひとときを大いに楽しみながら成長していた。

バーニーとの会話のあとにはいつもノートをとるようにしてきた。そして、そのノートの束はまるで小さな本のように膨れ上がったものとなった。

ときどきそのノート見て振り返ると、その度ごとにひらめきや有益なヒントを見つけることができた。

バーニーの家を訪れてから数週間後に、彼から電話が入った。それは、市内からさほど離れていないところにある州立公園で会わないか、というお誘いだった。

僕はただもう喜び勇んでオフィスを飛び出した。そのときは仕事が特に大変な週だったので、休憩が必要だと感じていた。そしてもちろん、再びバーニーに会うのも楽しみだった。

僕たちは駐車場で落ち合った。そこに到着したとき、バーニーはすでに来ていた。

彼はスウェットスーツを身にまとい、かなり履き古したランニングシューズで、彼の車のバンパーに足を乗せ、ボンネットの上に気持ち良さそうに座っていた。彼はまるでボンネットに飾られた大きなエンブレムみたいだった。

僕たちは森を通り抜け、汗をかく運動として十分なくらい、足早に歩いた。木々は秋の太陽の光を受けて、あたり一面輝いていた。

彼は「ビジネスの調子はどうかね？」と尋ねてきた。

僕は計画に近い状況で進んでいることを伝えた。しかし、彼はあまり満足していないようだった。

僕は彼の反応にがっかりしたが、それももっともなことだ。というのも、僕たちの計画は保守的な必達目標であり、それに到達することができるだけではなく、それを大きく超えることができると僕たちは思っていたからだ。

「今年の売上目標は、いくらだったかな？」

バーニーは尋ねた。今回は速攻で返事をした。売上目標を心に刻み込んでいたからだ。

それは僕にとってもっとも重要なゴールだった。バーニーは僕の心情を察してか、クスクス笑った。

「最初は売上目標に多少足りなくても、気にすることはないよ」彼は言った。

「大抵はそういうものさ。ビジネスの成長は植物と似て、時間がかかるんだ。この強くてしっかりとした木々も、何年もの時を経て自然の中で育っていったわけさ。あなたのビジネスが堅実でしっかりと育つには、何年かはかかるよ」


彼は大きくそびえたつ松の木のところまで小道をぶらぶらと歩いた。

「この木をみなさい」彼は言った。

彼は両手をあげて、その木の幹の上のほうに触れた。そしてしばらくの間、静かに木と会話を交わしているようだった。

「私たちの人生はこの木のようなものだ。そしてあなたのビジネスもまた、この木のようなものだ。それは、その種を風に乗せてばらまくまで、どんどん育つだろう。そして、その種の多くは成長し、また成長しない種もたくさんある。

毎年、何度も雨にさらされるところでは、その木は爆発的に成長する。その一方で、何年も雨が降らず乾燥したところでは、全く成長はしない。または、何年もの日照りがあると、全く成長しないんだ。まさに、これはビジネスと同じことなんだよ」

バーニーの言葉に、僕はどうリアクションしていいのか、ちょっと戸惑った。そして彼はどんどん木々の中に歩いていった。

「すべてのビジネスは三つのステージを通るんだ」しばらくの間散策したあと、彼は言った。

「幼少期、青年期、そして成熟期だ。

君の会社はまだ幼少期にいる。だから手厚いフォローを受けなくてはいけないんだ。ちょうど赤ちゃんが親の保護を必要としているようにね。幼少期のビジネスは、常にご飯を与え、かわいがり、観察し保護されなくてはならない。まだ、傷つきやすく、食欲も旺盛なんだ。

あなたは会社に対して、与え続けなくてはならない。そしてそれに対して何の見返りも期待できないんだよ。

しかし、あなたがプランに忠実になり、自分のゴールを心の中にクリアに描き続けていると、ある日気がつくんだ。赤ちゃんだった会社が、青年になっていることに。

このステージの会社は、自分で自分を支えることができる。しかし、他のことを支えるほどの余裕はない。

このステージで重要なことは、成熟した会社として扱おうとしないことだ。まだ若い。過剰な期待と負荷をその会社に与えないことだ。

急激に拡大させないよう十分に気をつけなさい。成長はゆっくり着実にすべきなんだ、この木々のようにね。あるいは、若い少年少女のようにね。

最終的には、もしあなたのビジュアリゼーションを強く保ち続けていたなら、会社はゴールに到達し、本当の大人になるだろう。そのときその会社は成熟し、あなたや他の多くの人たちを豊かにサポートできる力強さを持っているだろう。

あなたがその地点に到達するとき、二、三やって欲しいことがある。

まず一つは長期休暇をとることだ。なるべく長い休みをとりなさい。そして、それ以降も定期的に休暇を確保することだ。そのたびにビジネスから身を離して、心身ともにリラックスするんだ。自分のビジネスと人生の今後について、明瞭に見通せるようにね。

会社が成熟期に到達したら、すべての従業員に十分な給料を払えるし、また利益も分配できるようになる。給料は業界標準とのつりあいをみて、十分な額を払ってあげなさい。

あまりケチケチしないほうがいい。

そしてあなた自身、そして他のすべての人たちを潤沢な利益分配で報いるのだ。

会社がこの地点に到達したら、ほかにもう一つお勧めしたいことがある。それは、両親に大きなボーナスをプレゼントするんだ。もし両親がまだご健在ならね。彼らがそれを必要とするかどうかに関係なく、送ってあげなさい。

私は最初のビジネスが利益を生み出すとすぐにそれをやったよ。私は、そうしようと漠然と思い続けていたので、あまり深い理由もなしにそれをやってみたんだ。

しかし、あとになってわかったんだが、それは私が今までに行ってきたことの中でも、もっとも良いことの一つだったと気づいたんだ。

私の両親はもちろんびっくりして、喜んでくれたよ。でも、実はそれはむしろ私にとって素晴らしい経験になったんだ。

その行為によって、私は親に対してだけでなく、自分自身に対しても『自分が今、大人であり自立できている』こと、そして『自分自身のみならず必要があれば両親さえもサポートできる』ということを自分に言い聞かせることができた。それは私の潜在意識に、

『私は成熟し力強く活動する会社を創り出すことができた。そしてそれは私や周りの人たちを豊かに養うことができる』という、パワフルなメッセージを送り込んでくれた。それは、単なるギフト以上の価値があるんだ。というのも、自分が成長したという自分への確信になるのだからね」

僕たちは木々のそばにある池のところまで来た。バーニーは小石を拾い上げ、投げ入れた。その小石はピョンピョンと見事に水面をかすめて飛び跳ねていった。それは長い弧を描き、10～12回ほど飛び跳ねて、水の中に沈んだ。

「うまいですね、バーニー」

「相当、練習したからね」

僕は平たい丸い石を拾い上げ、投げてみた。それは1回飛び跳ねただけで、あっけなく沈んでいった。

「う～ん、もっと練習が必要だな……」

池に石を投げ入れて飛び跳ねさせようとしたのは、もう何年前になるだろう？

僕たちはそれから20分ほど、子供のように遊んで時間を過ごした。僕はついに完璧な石を見つけ、バーニーが最初にやったときのように長い弧を描いた。右腕が痛かったけれども、それがあまりにも気分が良かったので、びっくりした。

僕は6歳の子供のように得意になっていた。

僕たちはぶらぶら歩き、そしてバーニーは再びさっきの話の続きをした。

「いったん会社が青年期に突入したら、賢くお金を使うことだ。いつもいくらかを貯えておきなさい。そうすれば、会社に困難なことがあっても切り抜けられる。困難なことは、まず間違いなく起こるものだからね。

経済は循環する。現金を蓄積している会社は、すべてのサイクルを切り抜けることができるんだ。

また、会社と同様に、個人的にもいくらかの貯蓄をしておくべきだ。もし必要があれば、いつでも会社に貸し付けができるようにね。

すぐに分不相応な借金をこしらえてはいけないよ。大きな別荘とか、その他の毎月の支払いを要するような買い物は避けたほうがいい。しばらくは質素倹約でいきなさい。クレジットカードの借金があるならすべて返してしまうんだ。そして貯蓄をして、プラスの領域でゲームを楽しむのだ。

それができてから、別荘でもボートでも、その他あなたが望むものをなんでも買ったらいいんだから。

いったん会社が利益を出し始めたら、少なくとも利益の10％を寄付するといい。少なくとも利益の５％は価値ある組織に寄付をする。サポートする価値のある団体は、何百とあるからね。そして残りの５％は従業員や友人、親族、そしてその他のチャリティーなどに寄付するのだ」

彼の言わんとする意図が、ちょっとよくわからなかった。

「バーニー、前に、ビジネスに必要な分のお金をとっておいて、残りをオーナーと従業員で分けなさいという話がありましたよね。それと今回の話とのつながりがよくわからないのですが」

バーニーは注意深く噛み砕いて説明してくれた。

「はじめにあなたは、税引き前利益を得る。会社の損益計算書の下のほうに出てくる数字だ。わかるよね？」

「ええ」

「そこから、一定の税金を支払う。それから、会社にお金を内部留保として残す必要がある。

あなたや銀行マン、重役、あるいは財務アドバイザー、コンサルタントなどが会社に必要だと感じる程度にね。借金があれば、もちろんその返済額もそこに加味しておく。

それで、あなたはまず内部留保と、返済、税金を利益から差し引く。そして、その残りのうちの10％を寄付するのだ。その10％のうち半分は組織に。半分は個人、つまり従業員や地域社会の優れた活動などに対してね。それから、その最後に残った分をオーナーと従業員で折半するんだ。少なくとも、それが私のお勧めのやり方だ。あなたはあなたで、もっと良いやり方を見つけ出すかもしれないがね。

10％の寄付というのは、気前がいいだけじゃなく、ビジネスにとってもいいことなんだ。その会社は社会との素晴らしい関係をつくることになる。

しかし、実はそれ以上の価値があるんだ。

お金の面において本当に成功するためには、与えなくてはならないんだ。10％の寄付には、なんというか神秘的な力が働いているんだよ。それがあなたを成長させ、より多くのお金があなたの元にやってくる。

個人的にも、少なくとも10％を与えなさい。そうすればあなたはビジネスとプライベートの両面において貢献できることになる。

〝会社で寄付したんだから、もういいじゃないか〟なんていう言い訳をしちゃいけないよ。プライベートと会社の両方において寄付をするんだ。

そうすると、不思議なことが起こるから。

お金に困るようなことはなくなるだろう。無限の豊かさに囲まれるんだ。宇宙が豊かさのシャワーを降り注いでくれるだろう。

慈善事業や友人、親戚、路上の人たちにも与えなさい。環境保護の団体に与え、人権保護団体に与え、児童福祉の組織に与えなさい。

もし教会に通っているならその教会に与えなさい。

地域の炊き出しをするボランティアグループ、ホームレスの人たち、家庭内暴力を受けた女性の避難所、児童施設、図書館、若者たちを育成するボランティア団体、そしてあなたが心を動かされたあらゆるところに対して、どんなものでもいいから、与えなさい。

あなたの収入の少なくとも10％を与えるんだ。決して後悔はしないはずだよ。

いったんビジネスが成功したら、寄付や投資を通してあらゆる意義あることや価値ある人々をサポートすることができるようになる。それは素晴らしいこと、もっとも心を豊かに満足させてくれることになるよ。

私はたくさんの寄付をしてきた。私は地球の環境保護や人間性を高めるためのことに貢献している。

グリーンピース、チルドレン・インターナショナル（貧しい地域の子供たちへの寄付団体）、アムネスティ・インターナショナル（世界規模で人権に取り組む団体）、シエラクラブ（環境保全の団体）、ワールドワイド・ライフ・ファンド（世界自然保護基金）、ザ・ネイチャーコンサーバンシー（イギリスの自然保護団体）、ホームレスのための炊き出しのボランティアグループなどだ。

そして同時に投資もしていて、そちらも大好きだよ。それは私も、投資を受けた人たちも、同様にやりがいが感じられる仕事なんだ。

例えば私はあなたに投資している。私のやり方で、あなたの夢が現実化するのを助けている。そして私はそれを楽しんでいるんだ。

おそらく君と同じかそれ以上にね。

多くを与えれば与えるほど、与えられる。それはお金の面もそうだが、それだけじゃない。お金と同時に、さらに重要なものを受け取るだろう。満足感や充実感、やりがい、喜び、そして愛さえもね。そして、愛こそがあらゆるものの中でもっとも重要なものなんだ」

〈Key10のクイック・レッスン〉

□ ビジネスの成長は、大きくたくましい木の成長に似ている。生物の成長そのもので、時間がかかる。急成長するときもあるし、ほとんど成長しないときもある。松の木かオークの苗木を育てるように、あせらず、忍耐強くビジネスとつき合わなくてはならない。

□ すべての会社は、三つのステージを通過する。幼少期、青年期、そして成熟期だ。幼少期の会社は、常にご飯を与えられ、かわいがられ、観察し保護されなくてはならない。会社に与え続けなければならない。そしてそれに対して何の見返りも期待できない。

□ いったん青年期に入ると、会社は自分を自分で支えることができる。しかし、ほかのことを支えるほどの余裕はまだない。このステージで重要なことは、成熟した会社として扱おうとしないこと。まだ若い。過剰な期待と負荷をその会社に与えないこと。

急激に拡大させないよう十分に気をつける。成長はゆっくり着実にすべきである。

□ 強くビジョンを思い描き続ければ、会社はゴールに到達し、そして真の大人になる。そのとき会社は成熟し、十分な力を持ち、多くの人たちを豊かに支えてくれる存在となる。

□ いったんビジネスが成熟期にはいったら、お金を賢く使う。そしていかなる困難にさらされても――そういう困難なことはほとんどすべてのビジネスにおいて起こるものだが――切り抜けるだけの強さを持つよう、常にいくらかを貯えておくこと。経済は循環する。お金を貯えている会社は、すべての季節を乗り越えることができる。

□ もし必要があればいつでも会社にお金を貸し付けられるように、個人的にもお金を貯えておく。毎月の支払いが多すぎて困ってしまうほどに借金を膨らませてはいけない。クレジットカードの借金をすべて返済し、常に十分な貯えをもってゲームに参加するのだ。

□　いったん会社が利益を生み始めたら、少なくとも利益の10％を寄付すること。少なくとも利益の5％を非営利団体（NPO）に寄付し、そして少なくとも残りの5％を従業員や友人、そして関係者、他のそれにふさわしい人々、そして財団などに寄付する。

□　たくさん与えるほどに多くを与えられる。そしてそれは経済的な面だけではない。さらに重要なものを与えられる。満足感や充実感、やりがいや喜び、そして愛を。

Key

11

お金を儲けたい理由を知る

僕はまだ幼少期の会社と格闘していた。

そして僕は幼児に手を焼いてイライラしている親のようだった。


今振り返ってみると、僕のフラストレーションの原因には、単にお金のこと以上に、もっと根深いものがあったように思う。

心の奥深いところで、バーニーが言うところの強い思い込みのレベルで、僕は自分がやっていることすべてに疑いや恐れを抱いていたのだ。

そもそも何のために会社を立ち上げてビジネスをやろうと思ったのか。その意味さえ迷い始めていた。

もし成功するビジネスをつくりあげることができたなら、僕はある意味で魂を失ってしまうのではないか、物欲にとらわれて本来の人生の目的を忘れてしまうのではないか、という強い思い込みを抱いていたのだ。


もしビジネスを成功させることができたとしたら、人生の方向性はどうなってしまうのだろうか、という疑いと恐怖の感情が常に僕に付きまとっていた。

おそらくバーニーは僕のそんな考えに気づいていたのだろう。そしてもしかすると、彼も若いときに同じような段階を通り過ぎていたのかもしれない。

僕はそのとき彼にそのことについて尋ねたかったが、何となく気恥ずかしくてできなかった。

そのような状況の中、不思議なことに次のミーティングではその話題がバーニーのほうから持ち出されることとなった。


再びバーニーから連絡が入ったのは数週間後だった。

ある金曜日のお昼過ぎ、彼は電話をかけてきて、こう言った。

「今度の月曜日は満月だ。夕暮れと素晴らしい月の眺めを見に、ウチに来ないかい？　それは、それは、壮観な眺めだよ」

バーニーの言葉は決して大げさでも誇張されたものでもなかった。

バーニーの家を訪れた僕は、彼のリビングルームからサンセットを眺めた。そして表のプールサイドに出て、信じられないぐらい大きく、オレンジ色に光り輝く中秋の満月が、ゆっくりと木陰から姿を現す様子に見入った。

その光はルシアのスタジオを照らし、彼女がペインティングにいそしんでいる姿を映し出していた。

「こんな夜に、熱い風呂につかるのが大好きなんだ。一緒にどうだい？」

それは魅力的なアイデアだ！

僕らは、早速風呂につかることにした。

夜は涼しかったが、風呂の湯はとても熱く、やけどをしないよう、ゆっくりと入らなければならないほどだった。

バーニーの身体はしなやかで無駄なぜい肉がなく、引き締まっていた。そんなに引き締まった体型を維持していることに、僕はちょっとびっくりした。

「私が好きな夜の過ごし方は、ルシアがペイントをしている間、この熱い風呂につかったり、ライブラリーの中で独りでゆったりと過ごすことなんだ。それか、庭の周りをぶらぶらとただ歩き回ったり……」と彼は言った。

バーニーは熱い風呂の中で、何回か深く息を吐き出し、昇っていく月に顔を向けた。彼は実際の年齢よりもずっと若々しく見えた。瞳は大きく、澄んでいた。

「今晩のような満月の夜には、哲学的なことを言いたくなりますな」と彼は言った。そして微笑み、静かに、しかし情熱的に話した。

「私は成功するビジネスのメカニズムについて、理解しておくべきことはすべてあなたに伝えた。もし私が話したことの半分でも覚えていられたなら、そしてそれを実行したなら、あなたは自分のゴールに到達することができるだろう。しかし、ビジネスの本質、人生の本質について、もう少し話しておきたいことがあるんだ。

私たちはワクワクするような刺激的な時代を生きている。

かつて、科学と哲学は全く正反対の相反するものと考えられていた。哲学は直観的、科学は合理的というように、それら二つは全く異なる方法論のように見えたわけだ。

そして両者は過去の歴史において、何度もお互いに激しく対立してきたものだ。

しかし、20世紀になり、科学と哲学は融合することになる。

哲学の世界の人たちが何世紀にも渡って教えてきたことを、物理学者が発見したんだ。

私たちは一人ひとりが別個の存在である、というのは、私たちの思い込みでしかないということだ。

私たちは実際には、原子の壮大な大海の中で、永遠に結びつきを繰り返している存在であること。そして、その原子の中は、エネルギーと情報がグルグルと渦巻く力で満たされているが、見た目はカラッポの空洞だ。

仏教では何千年も昔から、『色即是空、空即是色』と言い伝えられてきたのだが、物理学者はこれが真実であることを発見したんだよ。

それをニューエイジと呼ぶ人もいるがね！」

バーニーはその言葉がおかしいかのように、笑い飛ばした。

「ニューエイジと言っても、本当は全く新しいことなんてないんだ。

ジェームス・アレンは1904年に『As You Think（邦題「原因と結果の法則」）』を書いているんだから！　その本にすべて書いてある。全部だ。

イスラエル・レガーディは『The Art of True Healing』を１９３０年代に書いた。それにはパワフルで示唆深い考え方がたくさん盛り込まれている。

それはひと言で言うと、西洋の魔法のことだ。ニューエイジ哲学と呼ばれるものは、オルダス・ハクスリーが書いた『Perennial Philosophy〈永遠の哲学〉』と同じなんだ。それは人類が誕生した大昔から、すでにあった考え方なんだよ。

私なりに、そのエッセンスを要約して、とてもシンプルなものにしてみた。私の人生において効果を発揮するには、常にシンプルで明瞭でなくてはならんのだ」

彼はしばらくの間、だまって月を見つめながら、静けさの中で座っていた。そして、話を続けた。

「山の頂上に行くには、たくさんの道がある。そして人は自分の見つけるべきものを自分で見つけなくてはならない。ほかの誰でもない、自分のやり方で見つけ出さなくてはならないんだ。

それは、『永遠の哲学』でも、ニューエイジでも精神的な探求、自己成長、あるいは宗教でも、呼び方は何でもいい。

私の両親はユダヤ人だった。しかし、私は自分のルーツにある智恵に全く気づいていなかった。

そのため、私は若いときにインド哲学を学び始めた。

そして、その中に私が探し求めてきたものの答えと人生の支えとなる導きを見つけたのだ。

私はダルマについて学んだ。ダルマとは、宇宙の法則に関する教えだ。そして、その中では、私たちは皆、人生においてより高い目的、ミッションを見つけ出し、そしてそれらを現実化することが重要であると説いている。

私はカルマについて学んだ。私たちは皆、自らの思考と行動によってもたらされる果実を手にする。

思考と行動が良いものであれ、悪いものであれ、だ。良い考えの持ち主は、良いものや成功に遭遇する。カルマを理解していない、誤った考えの持ち主は、痛みや失敗に遭遇する。

人は皆、自分の経験を自分で作り出している。自分の失敗について、自分以外に責めるべき相手は存在しないんだよ」

「私は若いときにインドに行ってね」彼は少し微笑んだ。

「そこで一人の先生に会ったんだが、彼は私にこう言ったんだ。

〝君は考えすぎで、頭でっかちになっている〟と。

彼は私の手首をひもで縛り、その片方をウミガメに縛りつけ、そして私に言ったよ。

〝そのウミガメと3日間、一緒にいなさい〟とね。私はそれをやったさ！　まあ、その後の人生で、二度とそんなことはやらなかったけどね」

彼は愉快そうに笑った。

「インドでは瞑想について学んだ。

静かに座っていることを学ぶことは重要なこと。瞑想によっていったん心が静かになりはじめたと思ったら、直観が私に静かな小さい声で語り始めたんだ。

本当は、その内なる直観の声は、私たちにずっと話し掛け続けているんだ。でも、私たちは静かに座ってじっとその声に耳を傾けたりしないから、それが聞こえないんだよ。

私はヨガを学んだ。私が良い体調を維持できているのは、ヨガとフルーツジュースのおかげだ。

私は朝と夜、たくさんのフルーツジュースを飲んでいる。そして、毎日軽くヨガをやるんだ。サンサルテーション（太陽礼拝＝ヨガのエクササイズの一つ）だけをやるときもあるけどね。

ヨガの先生が私に言っていたよ。ヨガをやるときは、目を閉じて、神を感じるようにしなさい、と。そのシンプルで率直な言い方を、私は今だに忘れることはできない……。

そして、私は帰国してから、キリスト教の伝統を探求し、答えと導きを見つけたんだ。キリストが言っていた〝蒔いたものは刈らねばならない〟とは、カルマについて言っていたんだと気づいた。

私は聖書を読んだ。キリストの言葉は今日でもなお、光り輝いている。ただあまりにも多くの人々がキリスト教徒であると宣言していながらも、どういうわけか、キリストの言葉の多くを無視していることは、私にとって悲しいのひと言だ。

右翼タイプの人たちが、武器を運んだり、原子爆弾をつくったり、死刑を執行するのは、悲しいことだ。ああいう人々に対して、キリストはどうお考えなんだろう？

そして今では、教会や政府、キリスト教徒を名乗る人々がたくさんいるが、いかに多くの人たちが、その創設者の言葉を忘れてしまっていることか！」

記憶をたどっていたバーニーの口をついて、流れるように言葉が出てきた。

「あなたの敵を愛しなさい。

あなたを悪く言う人たちの幸運を祈りなさい。

あなたを嫌う人たちに親切にしなさい。

あなたを利用しようとする人たち、そしてあなたを悩ます人たちのことを祈りなさい。

剣で戦って生きるならば、剣によって死ぬ。

右の頬を打たれたら、左の頬を出せ。

人に裁かれたくなければ、人を裁いてはいけない。

あなたたちの中で罪のない人が、はじめの石を投げなさい、天国は外にあるのではなく、我々のなかにある。

求めなさい、そうすれば与えられるだろう。

探しなさい、そうすれば見つかるだろう。

扉を叩きなさい、そうすれば目の前に開かれるだろう。


私は、世界中にあるそれぞれの民族の宗教についても学んだ。そして、それらの中にも私が探し求めてきたものの答えと人生の支えとなる導きを発見した。

彼らは皆、地球の神聖さを信じている。私たちの地球は、母であり、私たちは彼女を尊敬し、大切に扱う必要がある。彼らは皆、私たちが生きているこの世界を超えた、別の世界を信じている。

彼らは祖先が力を持っていること、そして尊敬されるべきであると信じている。

祖先の魂は今も私たちの中にいるからこそ、私たちは彼らが誇りを持てるような生き方をしていく必要がある。

ちょうどキリスト教徒が、心の中にキリストの魂が宿っていると感じられると信じているように、世界中の様々な民族は、彼らの祖先の魂の存在を、生活を通して、呼吸を通して感じ取ることができると知っている。


西洋の神秘についても学習し、私が探し求めていた問いへの答えとインスピレーションを見つけた。真の魔法が存在することを学んだんだ。

健康や問題解決、幸運、愛のための魔法を身につけた。

カルマを理解していれば、魔法はあなたを助けるパワフルなツールとなる。


そして、それらを学んでいったところ、結局はユダヤ教に行き着いた。

西洋の魔法の多くはユダヤ教を元にしているからだ。

そして、私はついに答えとインスピレーションを自分のルーツの中、私が生まれた大元のところに発見したのだ。

私にとって、もっともシンプルで重要な方法を言い表すには、これを聞くとびっくりするかもしれないけど、実はアルコホーリクス・アノニマスによって始められた『12ステップ・プログラム』から引用するのがベストなんだ。

アルコホーリクス・アノニマスがあってよかった！　あのプログラムは素晴らしい。

（訳注――アルコホーリクス・アノニマス®は、経験と力と希望を分かち合って共通する問題を解決し、ほかの人たちもアルコホリズムから回復するように手助けしたいという共同体のこと）

このプログラムの第3ステップでは、こう言っている。

〝自分の意志と人生を、私が理解するところの神の配慮にゆだねることを決心した〟

そしてそれは、第11ステップにつながる。

〝私は祈りや瞑想を通して、私が理解するところの神（あるいは大いなる力）と意識的な接触を深めることを求めた。それによって、神の意志を知り、それを実践する力を持つことのみを願って祈った〟

要するに、それが人生の秘訣だ。少なくとも私にとってはね。

ただただ、神の声に耳を傾け続け、神の意志を尋ね続けた。それが一つのシンプルな問題解決法だ。

あなたが問題を抱えているときは、いつでもそれを神に伝えるのだ。

神というのは、あなたが信じているどんな神でもいいし、偉大な力でもいいし、大宇宙をつくる創造主でも、なんでもいい」

静寂が訪れ、バーニーは静かに月を見つめていた。

その静けさは、風呂と同様に、温かく満たされた感じがした。僕はしばらく静かにその余韻を感じていたところ、バーニーはその静けさを破り、言葉を発した。

「それで、私たちにとって、もっとも重要なことは、神をどのようなものとして信じているるか、だ。

自分の人生において、神とは何で、何を本当に信じているのか?

何がわかっているのか?

人それぞれに背景や文化、信念があるが、何がもっとも納得できるのか?

このことについて考え、何らかの結論を出すことはとても重要なんだ。

なぜなら、神についてのその概念によって、私たちが夢見る人生を創るために必要とする答えと導き、インスピレーションのすべてが与えられるからなんだ。

『神なんていないよ』という人も含めてどんな人でも、神や偉大なる創造主について、何がしかの概念を持っている。

以前に何度も多くの人たちに言ってきたことだが、もし偉大なる力を信じないとしたら、1本の草の葉をつくってみるがいい。

あるいは、コオロギでもいい。

銀河系はどうだ?

何がしかの力がこれらのものを創っている。その力をあなたは何と表現するのか?

化学反応かい? あるいは、原子の力かい?

それならそれが、あなたにとっての偉大なる力だ。私が神と呼ぶものを何と呼んでもいいが、人生において創造する力が存在するのは間違いないだろう。

神についての私のシンプルな概念を言おう。

ネイティブ・アメリカンの文化と言い伝えの中に、私がなるほどと納得した言葉がある。神は偉大な神秘である。私たちは決して神を理解することはないだろう。

神は永遠に神秘的な創造する力であり、原子の中にある力であり、世の中にあるすべてのものの構造をなす知性である。

神は銀河系の中にある力であり、星が生まれ、生命が生まれ、そして壮大な死をもたらす力だ。

神は、そうやって死滅する星の爆発によって飛び出した単純な成分を結び付け、あらゆる生物をつくりだす力だ。

それは私たちの身体のすべての細胞に含まれるＤＮＡのように複雑な分子も含めてね。

これらの力を本当に本質的に理解することは、決してできないだろう。それが、私たちが存在することの偉大な神秘だからだ」

「あなたは、神を信じますか？」

彼はその質問に答える時間を僕に与える間もなく続けた。

「私にとって、この質問は〝あなたは宇宙の創造的な力を信じますか？〟という質問と同じことだ。あるいは、〝あなたは小っちゃな種が巨大な木に育つことができると信じますか？〟とか〝物理学を信じますか？〟とも同じことだ。

これらすべての質問に対する答えは、信念がどうのこうのというまでもなく、わかりきったことだ。

あなたが公私のどちらにおいてでも問題に直面したときは、いつでも、それを創造主、あなたが理解するところの神にゆだねることだ。

たいていの人はこのプロセスを祈りと呼ぶが、あなたの好きな呼び方でいいよ。例えば次のように言ってみるんだ。

〝神よ（あるいは、彼でも彼女でも、好きな表現で）、私はあなたの手にこの問題をゆだねます。私はあなたの意志に任せます。あなたの意志を教えてください。あなたの意志どおりに、私に行動させてください〟

すべてを神にゆだねなさい。細部を整えるのは神に任せよう。

神の意志を行うことを追求し続ける。そうすれば、あなたの問題は解決する。あなたは一つひとつ、何をすべきかを直観的に示されるだろう。

いったん神に本当にゆだねたら、ビジネスのことについて心配する必要はなくなるよ。あなたはもはや、そのビジネスをあずかる立場ではないのだから。神が新しい社長であり、役員会議の議長なんだ。

ただ、神の意志は何かを問い続けるのだ。そうすれば、あなたはそのビジネスにおいてもっとも正しい方向に導かれるだろう。

もしかすると、全く予想していなかった方向に導かれるかもしれない！　でも心配は無用だよ。神はあなたにどこにどのように行けばいいかをちゃんと示してくださるんだ。だって、神がその舞台の監督なんだから」

僕は、できる限り彼の言葉を覚えていようと、完全に集中していた。

そして、ふと気がつくと、身体が熱くほてってのぼせていることに気がついた。髪の毛は汗でびっしょりしていた。風呂に長くつかりすぎていたようだ。

「さあ、もう出ようか」バーニーはそれを察したようだった。

「詰め込みすぎは、よくないからな」

彼は隣のプールに飛び込んだ。そして僕もそれに続いた。冷たかった。爽快で、気持ち良かった。

僕たちはタオルで身体を拭き、服を着て、家の中に入ることにした。

バーニーは冷蔵庫の扉を開いてみせてくれた。その棚には十種類以上のフルーツジュースが、棚一面にズラっと並んでいた。

大きなグラスを手に取り、氷を入れて、それぞれ好みのジュースをブレンドして注いでくれた。


バーニーの好きな飲み物は、クランベリージュースとグレープフルーツジュースを混ぜたものだった。

「バージン・シー・ブリーズ。あるバーで、そう呼ばれていた。なかなかいい名前だろう。とても詩的だ。朝、私はこれに絞りたてのフレッシュなオレンジジュースを加えるんだ。アイスティーを混ぜることもある」

それは冷たくて、美味しかった。とりわけ濃密なバスタイムのあとに飲み干すそのジュースは至福の味だった。

僕たちは彼のリビングルームの大きな一面ガラス張りの窓の正面に座った。そして、オレンジ色というより白銀色に輝く満月に照らされた丘の連なりを眺めていた。

僕たちは静かに座り、ドリンクをちびりちびりと飲みながら、その静かな月を眺めていた。

その部屋はほとんど明かりがついていなかったので、月がこの舞台の主役だった。

僕はとてもリラックスしていて、急いで何かをしたり、どこかに行こうという、いつものせわしない気分とは程遠い感覚を覚えた。僕はただ静かに座っていることに満たされた思いだった。

普段の自分がどうだったか、に思いをめぐらせてみた。

普段の僕は、急き立てられ、いつも前を見て、未来に何かを求めていた。

プロジェクトが終わっても、目的地にたどり着いても、あるいは一杯のコーヒーや食事をとり終えても、常に次のことを考えていた。

僕は、幸福感や充足感を得るために何か望みごとを考えたりせず、ただじっと座って、今の瞬間に自分が「ただ、ある（居る）」ことを純粋に楽しんだりする、なんていうことは滅多になかったということに思い当たった。


バーニーも身動きせずに、じっと座っていた。そして僕もそのようにした。

まるで時間の流れが止まったかのようだった。

僕たちはそこにほんの数分間座っていただけのように思えたが、いつのまにか月はすっかり静かに上空高く昇り、もう夜も更けていた。


ついにバーニーは動きはじめ、ジュースを一口飲んで、僕を見た。

「あなたが帰る前に、ちょっと見せたいものがある」彼は深く静かな声でそう言った。

「これは魔法のレッスン、創造のレッスンだ。

すべての創造は魔法で、人はいつも創造している。だから、私たちは皆、すでに魔法ができる生き物であり、魔法使いなんだ。
ただ、多くの人はそれを知らないだけのことなんだ。
ちょっとしたワークがある。それは時間のかからないものだが、これだけで十分なんだ。
え～っと、紙がいるな……」

彼は椅子から立ち上がり、暗闇の中に歩いていった。戻ってくると、彼は部屋の光を調整し、少し明るくした。

彼の部屋の照明には光の量を調節するところがついていて、光の加減を微妙にコントロールできるようだ。

バーニーは僕にペンと1枚の紙を手渡した。そして自分用にも手にした。

「これを描いてみなさい」彼はそう言って、シートの真中に紙の半分以上を覆うくらいの大きな星を描いた。

「この星は、この教えの中核だ。私は五つ角の星を使う。

もし必要であれば、六つの角の星でも良いし、あるいはシンプルに円でもよろしい。もっとも重要なことは、それがあなたの目の前で明るく光り輝く星だと想像することだ。瞑想の中で、この光に満ちた星を思い描きなさい。そして、その光が自由に形を変えるに任せるのだ。

それは星のまま変わらないこともあるし、何かに変わることもある。それは光に満たされた、腕を広げた人かもしれない。西洋の魔法では、五つ角の星は、男を意味するから。腕を伸ばした男をね」

「そして、その星の頂点のここに、この言葉を書くのだ」

〝God's will〟

「あるいは、あなたが神を定義するために選ぶ、ほかの似たような言葉でもいい。あなたがしっくりくる表現を使うがいい。望みやゴール、問題、その他すべてのことが神、あるいは創造主にゆだねることを思い出させてくれるのであれば、表現は何でもいい。

そして、星の他のすべての角に、人生において創り出したいもの、情熱的に望むものをリストアップして書く。つまり五つ角の星なら、自分が望むトップ4のゴール、願望、夢を選び、そしてそれらをそれぞれの角に書くのだ。

このようにビジュアル化して書き出すのは、いろんな理由で効果的なんだ。

一つには、その星が自分自身に〝私が望んでいることは、神の意志だろうか？〟と問いかけ続けてくれることだ。これは重要なことだ。

また、その星はあらゆる可能性の中から、あなたにたった四つの可能性を選ばせることになる。よって、あなたは優先順位を決めなければならない。もっとも重要な四つのゴールは何なのか？

いったんゴールを選び、それを書き留めたなら、自分自身に問い掛けてみるんだ。

〝私は本当に自分が求めるものを受け取る準備ができているだろうか？　受け取る意志があるだろうか？〟と。

なぜなら、あなたがそれを受け取ることになるからだよ。だから、その準備ができている必要がある。

医学博士でスピリチュアル・リーダーのディーパック・チョプラは言っている。

〝すべての願望には、それ自体に実現のための種とメカニズムが備わっている〟とね。これが魔法の本質なんだよ。


その紙をきちんと折りたたんで、いつも持ち歩きなさい。意識に刻み込まれ続けるよう、折に触れてその星を見つめるのだ。願望が意志に変わるまで、それに意識を集中させなさい。

意志は願望よりもはるかに強い。私たちは『こんな身体が欲しいなあ』と単に望んで、今の肉体を手に入れたわけではない。

私たちのＤＮＡには完全なる意志が記号化されていて、それによって今日の我々の身体が創られているんだ。

いったん願望のレベルから意志のレベルになると、障害物のうち90％は溶解する。実在する障害も、想像上の障害も。

そしてあなたは、残りの10％とうまくつき合うための知識と強さ、すなわち意志を持つことになる。

いったん願望が意志になると、あなたは自分が創ろうと企てたものは、それ以上でもそれ以下でもなく、ピッタリその通りに創造するだろう。

ジェームス・アレンは『As You Think（邦題「原因と結果の法則」）』の中で言っている。〝人は、もっとも情熱的に望むとおりの人になる。ビジョンや気高い理想を心の中で大切にして育てれば、それは現実化するだろう〟と。

それはひと言で言ってしまえば、西洋の魔法だ」

僕は星の角に、自分の望みを書き出した。それは僕の書くスピードにあわせて、次々と頭に浮かんできた。それはまるで、一つの望み事が次の望みを引っ張り出しているかのようだった。

書いている僕に、バーニーは突然思わぬ質問をして、僕の作業をさえぎった。

その質問は、今まで誰からもされたことがなく、また僕自身も今までに自分に問い掛けたことがないものだった。

「最終的に、いくらのお金を稼ぎたいのかね？　いくらのお金があれば十分なのかね？」

「それは、鋭い質問ですね、バーニー。ちょっと考えなくてはならない質問のような気がします」

「これがもっとも重要な質問なんだが、なぜあなたはお金を稼ぎたいのか？　お金はあなたにとって、どんな意味があるのか？」

とっさに僕の口をついて出た言葉は次のようなものだった。

「平和と力です」

バーニーは僕の答えをおもしろがっているように見えた。

「それはどういう意味だい？」彼は尋ねた。

「ある一定レベル以上のお金は、僕に平和で穏やかな感じを与えてくれると思うんです。僕は自分のペースで、気楽にリラックスしたやり方で、仕事をすることができると思います。

そして、それは人生における目的を果たすために、僕がやりたいことをする力を僕に与えてくれるでしょう」

「平和と力か。いいね！」バーニーはあの愉快そうな表情を浮かべた。

「よろしい、その考えを肯定的に持ち続けられるように、意識を集中させなさい。〝私は今すでに、平和と力を持っている〟とね。

それをあなたが書いた星の上、紙の上のところに大きな文字で書きなさい。その言葉を繰り返すんだよ。〝私は今すでに、平和と力を持っている〟そのアファメーション（肯定的な自己への暗示）を思い出し続ける。あなたの潜在意識がそれを受け入れ、それが人生において創り出されるまでね。

人は本当にお金そのものが欲しいわけじゃない。お金が自分にもたらしてくれる何かが欲しいんだ。

あなたは自分がすでに平和と力を、あるいは他の何であれ、すでに持っていると肯定的に自分に言い続けなさい。そうすれば、それは手に入るだろう」

彼は小さな子供のように笑い、とても愉快そうに尋ねてきた。

「わかったかい？」

「わかりました！」

僕は自宅までの運転中、なんとも不思議な精神状態になっていた。

それは、ちょっと言い過ぎかもしれないが、陶酔した至福感とでも言うべきものだった。

僕は穏やかな気持ちを感じながら、完全に自分の世界にひたりきり、まさにそのとき自分がやっていることに満足していた。

僕はいつもはつけているラジオもつけずに、静けさの中で車を走らせていた。

満月が放つ銀色の光に照らされながら、静かに道を下っていくのを心ゆくまで楽しみ、完全に満たされた気持ちになっていた。僕は平和につつまれていた。

〈Key11のクイック・レッスン〉

□ ビジネスは、人生や他のことと同様、神秘的でスピリチュアルな側面を持っている。かつて、科学と哲学は、ほとんど正反対の相反するものであると考えられていた。しかし、20世紀になり、科学と哲学は融合した。哲学の世界の人たちが何世紀にも渡って教えてきたことを、物理学者が話すようになった。つまり、私たちは実はすべて一つ。原子が集まった巨大な海の中で、永遠に結びつきを繰り返している。

□ ニューエイジは何も新しいことではない。ニューエイジ哲学と呼ばれるものは、オルダス・ハクスリーが述べた、『永遠の哲学』と同じことだ。それは、人類の歴史と同じく古くからあり、東洋の伝統や、キリスト教徒、そして世界中の様々な民族文化の中で教えられていることだ。

□ 東洋の伝統にはダルマの教えがある。その中では、人はそれぞれが、人生においてより高い目的を発見し、そしてその目的やミッションを理解することが重要であると説いている。

□キリスト教でも、東洋の伝統でも、カルマについて教えている。つまり、人は皆、その思考と行動の良し悪しに関わらず、自らの思考と行動の果実を得る。自分で蒔いた種は、自分で刈り取ることになる。

□世界中の民族文化において、地球は神聖なものであり、地球は我々の母であり、そして我々は母なる地球を大切にしなければならないことを教えている。

□自分の人生や意志を、自分が理解するところの神にゆだねる。誰もが神、高次の力、偉大な神秘、あるいは宇宙の創造する力について何らかの概念を持っている。問題に直面したときはいつでも、それがビジネスのことであれ私的なことであれ、創造の力にまかせる。細部を整えるのは神にまかせる。そうすれば、一つひとつ、何をすべきかを直観的に示されるだろう。

□すべての創造は魔法で、人はいつも創造している。つまり、多くの人は気づいていないけれども、我々は皆すでに魔法使いなのだ。目標をありありと描くことは、効果的な魔法だ。ディーパック・チョプラは言っている。〝すべての願望には、それ自体に実現のための種とメカニズムが備わっている〟と。これが魔法の本質である。

□ジェームス・アレンは言っている。〝人は、もっとも望むとおりの人になる。もしビジョンや気高い理想を心の中で大切にして育てるなら、それは現実化する〟

Key 12

自分独自のやり方で、ビジョナリービジネスを創り出す

長く厳しい冬が過ぎた。その間、バーニーからは音沙汰がなかった。

僕たちは多くの危機をなんとか乗り切った。毎日が祈る日々だった。

祈ったおかげなのか、ビジネスは軌道に乗ってきた。

僕たちはバーニーに教えてもらった魔法の力を活用して、計画を実現させ続けていったのだ。


僕はバーニーから聞いた話のうち、思い出せる限りのことを書き出し、その言葉を、いつでも参照できるように、ワープロ打ちしておいた。

彼のアドバイスをつい忘れて、「チャンスよりも問題にフォーカスする」そして「争いや不満、失敗に満ちた考え方をする」という、元の古いパターンの振る舞いや考え方に戻ることはいともたやすいことであった。

しかし、僕はバーニーの魔法を使った。

自分のもっとも望むことを書き出した五つ角の星を持ち歩き、それを1日に何度も思い出せるようにした。

ときどき、静けさの中に身を置いて、その星を前にして座り、しばらく瞑想を行ったりもした。『私は今すでに、平和と力を持っている』とアファメーションした。

それらの言葉を自分に対して言う度に、なにか大きな力を感じ、勇気が内側から湧いてくる感じがした。


僕がその星に一番目のゴールとして書いたのは、会社のその年度の売上目標だった。

そしてそれはほとんどピッタリ達成することとなった。

正確には2、3ドル足りなかったが、満足するに足る結果であった。

前年度の売上の2倍の成果だった。


春がやってきた。

その訪れは少し遅かったが素晴らしい春だった。

日差しが暖かく、それまでは決して気がつかなかったが、身の周りの至るところで花が咲いていた。

バーニーからある午後、お誘いの電話があった。

「よかったら、ウチに来ないかい？」どんな用件かはそのときわからなかったが、喜んでお邪魔することにした。

僕たちは彼の自宅の裏庭に座って、コーヒーを飲み、しばらく景色を楽しんだ。庭は美しい花で覆われ、果てしなく広がる丘までその一面の花が続いていた。しばらくすると、正面玄関に誰かがやってきたので、僕たちは立ち上がった。バーニーが注文しておいた国際色豊かな料理が届けられたのだった。

ルシアも仕事のきりをつけ、服に何色ものペイントをつけたままやってきた。そして何種類ものコースがある美味しい夕食を三人で楽しんだ。

「実は、今日は特別な日なんだ」

バーニーは言った。

「私たちが知り合ってから、今日でちょうど1年になる。今日はあなたの1年間にわたる目標達成のお祝いだ。人生に、そしてあなたの偉大な成功に！」

彼はミックス・フルーツジュースの泡立つグラスを掲げて、乾杯の音頭をとってくれた。

そして僕たちはそれにあわせて乾杯した。

「そして、あなたにも。バーニー」

僕は、深みのある気の利いた言葉を何か探しながら言った。

しかし、大した言葉が思いつかなかったので、無難な言葉にした。

「健康と幸せ、繁栄、そして愛を祈ります！」

僕たちはお互いのグラスをカチンと合わせた。

「何か達成したことをお祝いするのはいいことだよ」バーニーは言った。

「ゴールを達成したら、会社の従業員を全員連れて、食事に出かけるといい。そして、彼らに特別ボーナスを与えるんだ。

あなたは成功への道のりに乗って、よくやっているよ。

あなたに必要な道具はすべて掌中にある。ビジネスについて、いつでも学び続けなさい。

誰からでも、どんなモノからでもね。そして、新しいビジネスを発明し続けるのだ。

それは決して終わりのないプロセスだ。ビジネスは、成長し続けるものだ。他のすべての生き物のように、有機的にそれぞれにとっての完璧な方法で、しかるべき時間をかけて。


あなたのビジネスの分野で、すでに成功している人たちに焦点を当てて、その人たちから学びなさい。

どの分野でも、偉大な成功もあれば、多くの失敗もある。

その中でも、成功した人たちに照準をあわせ、もしできたら、彼らと知り合いになるといい。彼らについての書物を読み、彼らのやり方を学ぶんだ。

あなたは成功するためには自分独自のやり方を創り出すだろう。しかしその分野ですでに成功した人たちの考え方を決して無視してはいけないよ。彼らの成功を祝福して、そこから学ぶのだ」

彼はフルーツジュースをグイッと飲み込み、そして続けた。

「それから、競合相手の成功もお祝いするんだよ。そして、敵と思える人たちの成功もだ。あなたは彼らと競争したり、闘ったりする必要もない。いかなる敵もつくる必要はないんだ。たとえ彼らが何を言ってこようが、彼らの次元に合わせる必要はない。豊潤な宇宙において、私たちは生き残るために、いかなる者とも闘う必要はないんだよ。必要なものは十分にあるんだから。

否定的な意味での競争や、激しい憎悪は、あなたの世界には存在しなくていい。他人の成功をお祝いするのだ。それがあなた自身の成功をさらに生み出す力となるだろう。

必要なものはすべて、今、あなたの中にある。

私にできることはすべて授けてきた。あなたは成功するビジネスのビジョンをどうつくるかを知っている。

そして、そのビジョンに焦点をあてて、高次の力か神か創造的な宇宙の力か、直観的な心か、あるいはあなたがどう呼ぶにせよ、その偉大な力を借りて、それを証明する方法も知っている」

彼は話を止め、しばらく考えをめぐらせていた。

「あともう一つだけ言っておきたいことがある。ジョセフ・キャンベルが言った『最高の喜びを追い求めよ』という言葉を覚えておきなさい。あなたが心からやりたいことをやるんだ！　情熱を込めて働き、情熱を込めて生きる。そうすれば、あなたはビジョナリービジネスを創り出すだろう。自分自身の全く独自のやり方でね。

私は来年もまた、こうやってディナーをご一緒するのを楽しみにしているよ。『売上が再び2倍になりました！　そして確実に利益を出しています』とあなたが聞かせてくれるのをね」

「それが僕の目標です」僕は言った。

「そうあって欲しいと願えば、まさにそうなるものだ」

バーニーの声は驚くほどに力強かった。

夕食後は長居せずに、バーニーの家をあとにした。車のほうに向かって芝生を横切っていこうとしたとき、バーニーが正面玄関のドアから僕を呼び止めた。

「おっと、一つ忘れちゃいけないものがあった。ちょっとしたプレゼントがあるんだ」

彼は家の中に戻って、ピカピカ光る銀色の紙にラッピングされた小さな箱を持って出てきた。

僕はその箱をその場で開けた。きれいな光沢のある一片の木が入っていた。

それは、机かテーブルの上に飾るような置物で、その中の真ちゅうのプレートに次の言葉が刻まれていた。

あなたの大志をけなそうとする人を相手にしてはいけない。それはつまらない人だ。本当に偉大な人は、君もまた偉大になれると感じさせてくれる。

——マーク・トウェイン

僕は彼の贈り物に、そして僕に対する親切な気遣いに胸が熱くなった。お礼の言葉を告げた瞬間、目から突然涙が溢れ出した。

〈Key 12のクイック・レッスン〉

□ できる限りどんな人やモノからも、常にビジネスについて学び続ける。そして、常にビジネスを発明し続ける。それは決して終わることのないプロセスだ。ビジネスは、他のすべての生物と同様に、有機的に成長し続けるものである。

□ 我々は豊かな宇宙の中に生きている。生き残るために他の人と競争をする必要のない、豊かな宇宙の中に生きている。十分にやっていけるだけの豊かさがある。否定的な意味での競争や敵は、あなたの世界に存在する必要がない。他人の成功を祝うこと。それは、さらなるあなたの成功を生み出す力となるだろう。

□ ジョセフ・キャンベルは言っている。『最高の喜びを追い求めよ』。心からやりたいことをやる。情熱を込めて働き、情熱を込めて生きる。そうすれば、自分自身の全く独自のやり方でビジョナリービジネスを創り出すだろう。

□　マーク・トウェインはかつてこう書いた。『あなたの大志をけなそうとする人を相手にしてはいけない。それはつまらない人だ。本当に偉大な人は、君もまた偉大になれると感じさせてくれる』。

エピローグ――「たった一人のビジョンが世の中を変える」

ここからの章は、本書の初稿段階では前章「Key12」に入れるはずでした。しかし、数名に初稿を読んでいただいたところ、異議を唱える声があがりました。

彼らはその内容が本書の主旨と関係ないように感じると言うのです。

ある人からは、

「この本は、主として自分のビジネスを成功させたい人たちに向けて書かれたものだ。世の中を変えることについて言及すると、まだその心構えができていない読者が戸惑うのではないか」

と言われ、また別の人は実に興味深いことに、次のように言いました。

「もしこの内容をそのまま残したなら、アメリカ西海岸では売れませんよ」

私にはいずれのコメントも正しいかどうかわかりませんが、最終的には折衷案として、その部分を本書から外し、そして同時に残すことにしました。

つまり、その部分をエピローグとして残し、読むか無視するかは読者の判断にお任せしようと思うのです。

著者として私は、以下の部分は、本書の中でも重要なところだと感じています。そこにある哲学は、本書の前半部分で伝えたものと同じですが、それを別の重要な分野、グローバルな改革という分野で展開しているからです。

それでは、話を続けることにしましょう。

◇　◇　◇　◇　◇

僕たちはブレンドしたフルーツジュースを手に、バーニー家の裏庭に出た。そして花々に囲まれながら座り、遠くの丘や、絶え間なく動き、形を変える雲が浮かぶ果てしない空を眺めていた。

しばらくの間、静かに座っていたが、突然バーニーが話し始めた。

「私は時々小説を書けたらいいなあ、と空想を膨らませているんだ。とは言っても、小説を書くなんて、それは大変な作業だ！　だから、わざわざそんなことをする必要はないだろうって言っている自分もいるんだけどね」

それはバーニーからは滅多に聞けない、ネガティブな発言だった。

とは言え、何年も後で知ったのだが、彼は実際にはそのとき既に何冊かの本を書いていたのだった。

「でも、すでに頭の中ではそのストーリーはできているんだ。そして、いつもそれに肉付けして、ふくらませ続けている。それは、ユートピア（理想郷）の小説でね。もう何年も、ユートピアの優れた小説は書かれていないからね。

この話は、十分なお金と理解、創造性があれば、世の中の大問題はすべて解決できるはずだ、という前提で書いている。

世の中の重大な問題の一つは、貧乏意識にとらわれていることだ。ほとんどの人たち、そしてほとんどすべての国家が、『すべての人に行き渡るだけの十分なお金はない』と思い込んでいるものだ。しかし実際は、その思い込みに反して、十分なお金があるんだ。私たちがお金をつくり出す方法をちゃんと知りさえすれば、お金は無限に手に入れることができる。

足りないのはお金ではない。足りないものは、創造性と理解する心なんだ。欠けているのは、ビジョンなんだよ。

たった一人のビジョンが世の中を変えることができる。それは過去においてすでに証明されてきたことだ。それこそがこの小説のテーマなんだ。その内容を聞いてみたいかい？」

僕は即答した。

「もちろんです！」

「それは一人の若い男性で始まる。若い女性でも、まあ、それはどちらでも良くて、まだ、決めかねているんだがね。

その若者は、新しいテクノロジーの中核となるところを開発するんだ。そして、その関連のビッグビジネスを立ち上げ、10年かそこらで１００億ドルの規模にまで育てる。

そして、彼、あるいは彼女は南米から来た、魔法を使える神秘的な人物と結婚をする。

彼らは歴史上、もっとも創造的な経営チームを結成するんだ。

他人の成功のために巨額のお金を使っているにも関わらず、毎年彼らの資産は倍増していくこととなる。

そして10年後、二人の資産はついに10兆ドルになる。

妻は妊娠し、おかしな兆候が起こり始める。

季節はずれの花が咲き、音楽が風に乗って聞こえてくる。

一羽のフクロウが彼女たちの玄関の見張りをしにやってくる。


そして彼女は双子の男の子と女の子を授かり、その子たちは幼い頃から不思議な奇跡を起こし始めるんだ。

周りの他の子供たちよりもはるかに早く、ふつうの人間的な力と超能力を発揮するようになる。


さらにたくさんの弟や妹が生まれ、やがて子供は総勢十二人となる。

六人の男の子と六人の女の子だ。

そして彼らは地球上のあちこちに飛び散っていく。理想の世の中をつくるという、彼らの両親のビジョンを広めるためにね。


子供たちは、両親よりもはるかに早い期間で経済的に成功をおさめ、世の中をよりよく変えていく力を手にする。全員が完璧な人間で、資産を増やすことと外交手腕の両方において、極めて優れた素質を持っていたんだ。

彼らは、世の中の全人類の人生の質の向上を目的とした、巨大な世界規模のNPO（非営利組織）を創設する。

その組織は、ファウンデーション・オブ・クリエイティブ・インディビジュアルズ（創造的な人々の財団）といい、その頭文字をとって通称FOCIと呼ばれるようになる。

その目的は、我々が皆、生来持っている創造性を目覚めさせ、我々が抱える問題を創造的に解決するのを手助けすることだ。

それは、例えば、食料や住まいといった基本的な問題もあれば、教育や自己啓発や精神療法、さらには芸術やビジネスの夢をかなえるといったもっと複雑な問題まで、あらゆる問題を対象にしている。

FOCIは、これまで誰も想像だにしなかった程、もっとも力のあるNPOになる。そこらの政府組織よりも、もっと強力なんだ。

なぜならそれは、ありとあらゆる多くの方法によって極めて多くの人たちを助けるために、何百万もの人々が寄付をするからだ。

人口の大小によって、その大きさや形態は違うにせよ、最終的には芸術やスポーツ、そして学習のセンターが世界中に設立される。

同時に、地球の人口を支えるセーフティーネットを構築するために多大なる努力が投入される。

そこでは、ホームレスに食料や住まいを与えたり、病気や中毒を治したり、手助けを必要とする人たちを助けたりするのだ。

それらのセンターやセーフティーネットの共通する目標は、すべての人の創造性を目覚めさせることだ。

そのコミュニティの誰もが、自分独自の創造性を開発するよう導かれ、さまざまな方法でそれを実行するように手助けを受ける。センターの目標は、すべてのものが創造的に自分の問題を解決するよう、勇気付けることだ。そして彼らの創造性を彼らのフィールド内において解放することだ。

それは、芸術やビジネス、人道的活動などさまざまな分野でね。

母親と父親そして最年長の双子の四人は、その財団のビジョナリーリーダー四人組として知られることになる。

両親は、家族の個人的な資産を築き、維持し、そしてその財団に個人資産を投下する一方で、十二人の子供たちはその財団で働いている。

子供たちはテリトリーを与えられ、地球上のどの地域も漏れなく管轄されるようになる。たった2、3年の間に、彼らの影響力は地球規模となるんだ。

FOCIは、個々人に権限を与えることにする。それはアルコホーリクス・アノニマスのように統治者がいないスタイルで経営され、リーダーは存在するが、それはあくまで信頼された〝奉仕者〟であり、権限を与えられるだけ。

誰も支配する者はいない。

ＦＯＣＩの活動はもちろん多くのさまざまなことに目を向けている。人間活動のすべて、またマズローの欲求５段階説のすべてのレベルにもね。

マズローの欲求５段階説は知っているかな？　その最下層の人たちは、衣食住といった生きる上での基本的なこと、いわゆる生理的欲求にほとんどすべての関心が集中しているものなんだ。

もし人生においてそれらのことに心配をしていない人は、それらを得るための努力はすでに済んでいる、ということだ。

その一つ上にあるのは、安全を求める欲求。

三つ目は、親和の欲求といって、他人と一緒にいたい、集団に所属していたいというもの。

そして、四つ目は他人から認められたいという自我の欲求。

五つめの一番上は、自己実現の欲求だ。自分が持つ創造性をいかんなく発揮して、人生を最高に充実したものにすることに集中するという段階だ。

ＦＯＣＩは、これらのどのレベルの人たちに対しても機能するんだ。

第一段階の人たちは食料や住まい、そして安全を必要としており、それらが補助される。精神面の支えを必要とする、あるいは求める人たちには、幅広いプログラムとサポートグループ、そしてさまざまな療法が無料で提供される。もし本人が望むのであれば、誰もが何らかのプログラムを受けに行くよう勧められるし、より良い教育を必要とする人たちがいれば、それを受けられるようサポートがある。

創造的な夢を持ち、その夢をかなえたい人たちは、芸術や文化のセンター、大学やビジネススクールでその支援が受けられる。今あるすべての教育機関や施設は増強され、たくさんのより新しい施設がいたるところに生まれ始める。

もしかすると、この素晴らしい構想を考え出した私の名前にちなんで、バーニーズ・ビジネススクールなんてものもできるかもしれない。それは世界中に支社を持つフランチャイズ・システムで運営され、私のビジネス・メソッドを教え、何千、いや何百万もの起業家たちに資金提供をするんだ。

ＦＯＣＩはすべての真剣に活動している環境保護や人権保護団体に寄付をする。よって、ＮＰＯ、スポーツセンター、芸術センター、児童福祉センター、ガーディアン・エンジェルスなど、今素晴らしい活動をしているすべての組織は永続するよう増強される。

はじめは、それはすべての政府団体からほとんど完全に独立した形で活動するが、最終的には地球上のすべての政府とパートナーシップを結ぶことになるんだ。

なぜなら、ＦＯＣＩに属する人たちのすべての資金と力を合わせると、世の中のすべての問題を創造的に解決し、地上の天国を創り出せるようになるからだ。

彼らは学園やマンションを世界中のいたるところに建てる。

それらは、やがて教育機関や外交機関へと進化することとなる。

そこでは、ＦＯＣＩのメンバーは地元の人々とも世界中のリーダーたちとも見事に交渉を繰り広げ、そうして、わずか20年後には、彼らは世界の主要な問題をすべて創造的に解決してしまう。

ホームレスも、飢餓も、戦争も、麻薬乱用も、暴力も、野生の動物や植物の絶滅も、環境破壊もすべてだ。

その家族の莫大な個人資産に加えて、非営利事業とファンドグループが生み出す巨額の収入によって、それはすべて成し遂げられるんだ。

ＦＯＣＩの魔法は、投資した先はどこも最終的に利益を生むようになることだ。例えば、タダで教育を受けた人たちは、彼らがお金を稼ぎ始めたあとは、気前よくポンと寄付をするんだ。

財団から支援を受けた芸術家や起業家は、自分が成功したあとは、それを財団に還元するようになる。

ＦＯＣＩの援助を受けたもの、あるいはＦＯＣＩのビジョンに共感し、それをサポートしたいと願う人たちは誰もが、自分の収入の５％をＦＯＣＩに、そしてあと５％を他の好きな団体に寄付するよう奨励される。

ＦＯＣＩは、自らの資源のざっと３分の１程度を、マズローの５段階欲求説の底辺層の人たちに、食料や住まい、安全を提供するために使う。

そして3分の1を教育や治療を受けたい中間層を助けるために投下する。そして、残りの3分の1を、上位層の、ビジネスや芸術などにおいて自分の夢を実現したい人たちをサポートするために使う。

食料供給のグローバルなネットワークによって、膨大な量の食料が、それを必要とする人たちすべてに無料で供給される。

そのプロセスにおいて、FOCIがその食料をちゃんと豊かに生活していける水準の価格で買い取ることによって、農民もまた助けられるんだ。

FOCIは、貧しい人たちのために住まいを建てる。古い軍事基地や軍艦を、住宅や病院、学校に変えるんだ。それを必要としている人たちに提供する。

彼らは中心市街地に投資をして、進化した形の児童福祉施設や学校を建て直すんだ。そこでは、無料で高等教育を受けたり、創造性や才能を開発し、きちんと自立する方法を身につけるための訓練が受けられる。なんて素晴らしいコンセプトだろう！　それは本当の意味での公立学校のシステムなんだ。

ＦＯＣＩは熱帯雨林を買い戻し、それらをもともと住んでいた人たちに与えるんだ。そして、森林伐採業者や密猟者、そして環境問題を引き起こす人たちに対して教育をほどこす。

また、彼らが動物を殺したり環境を破壊せずに済む新しい仕事でやっていけるようになるまで、支援するんだ。

ＦＯＣＩは太陽エネルギーを開発する。太陽電池の車や、きれいな燃料を……。もちろん、彼らは数多くの巨大なチャレンジや困難に直面する。それはそうだろう、何しろ文字通り、何十億人という人たちの再教育を求められるのだからね。しかし、リーダーたちの、その一つのビジョンはやがて伝染し、世界中に広がっていくんだ。

そのムーブメントは、地球の健康的なあり方について生まれながら感受性の高い子供たち、新しい世代に支持される。彼らは強力な環境保護論者となる。

地球がどんどん悪いほうに変化していく姿を悲しむ子供たちの力が、ゆっくりと徐々にそのムーブメントを推し進めていく。

私は、このことはすでに起きていると思っているんだがね。そして、これからの若い世代は、職業の選択においても環境保護的な観点でするだろう。それは今日の公害をもたらすビジネスや人間たちすべてに対して大きな衝撃をもたらすことになる。

そして、やがて彼らの次の世代は、親の世代に対して次のように言うだろう。『地球をきれいにしてくれて、ありがとう。でも、人権侵害に関しては何もしてこなかったね。人間や他のすべての生物の権利の侵害に対してはね』とね。

そしてその新世代は、すべての人間が、ひいてはすべての動物、植物、そして鉱物が、その独自の自然の創造物として、また神聖なる生き物として、敬われ、愛される世の中を創りあげるんだ。

彼らは新たなルネサンスのリーダーになる。そこでは、個々の創造性が花開き、環境のバランスは元通りに修復され、世界は平和の中に一致結束する。

革命は、暴力を伴わずに、自然な成長と進化を通して実現される。

私は確信しているんだ。十分なお金とビジョンがあれば、それは実現できるとね。そして、莫大なお金はすでにある。必要なだけの潤沢なお金は、限界なく作り出せるのだから。つまりただ一つ足りないのは、そう、ビジョンなんだ」

バーニーは、ゆっくりと姿を変えて流れ行く雲を、情熱的に、そしてもの思わしげにじっと眺めていた。それは完全にビジョナリーの姿だった。

「本当に必要なのは、ビジョンだけだ」彼は繰り返した。

「それがあれば、すべてが可能になる。細かなところは、まだ考え中だが、私は本を通してあるメッセージを伝えたいんだ。

それは、ビジョナリービジネスの究極的な目的は、お金を稼ぐことではない。世の中を変えることだということ。我々が心からやりたいと思うこと、あるいは我々がそれをするためにこの世に生まれてきた何か、それは何でもいいんだが、それをすることによって、世の中を変えることなんだ」

バーニーは再び、僕に考えるべき宿題をおなかいっぱいになるほど与えてくれた。彼は話している間中、ずっと生き生きとして、そして春の太陽にその顔が輝いていた。

〈エピローグのクイック・レッスン〉

□ 世の中の主要な問題の一つは、貧乏意識にとらわれていることだ。ほとんどの人たち、そしてほとんどすべての国家は、みんなに行き渡るだけの必要なお金が本当に足りないと感じている。しかし、ほとんどの人たちの思い込みに反して、実際にはたくさんのお金がある。私たちがその方法を知りさえすれば、お金は無限に生み出せるのだ。

□ 十分なお金と理解の心、そして創造性があれば、今世界が直面しているすべての主要な問題は解決できる。たった一人のビジョンが世界を変えることができるということは、すでに過去に証明されている。

□ ビジョナリービジネスの究極の目的は、お金を稼ぐことではない。我々が心からやりたいと思うこと、あるいは我々がこの世に生まれてきた目的を果たすことによって、世の中を変えることである。

〈ビジョナリービジネス　25の実践レッスン〉

Lesson1

□すべての会社に、しっかりと練り上げられたビジネスプランが必要だ。そのプランでは、まずは言葉で、次に数字でそのビジネスの1年後の状態をはっきりと示し、5年後のビジョンを予測することが重要だ。しっかり練り上げられたビジネスプランは、あなたのビジネスを成功に導く地図となり、未来を写し出すビジュアリゼーションとなる。

Lesson2

□ビジネスプランの冒頭には、あなたの壮大な理想を、簡潔で短いミッション・ステートメントとして書き留める。

Lesson3

□ビジネスプランを書き始める前に、「理想の状態」を描く演習をやってみる。5年が経過し、ビジネスが想像し得る限り最高の成功をおさめているとする。そのとき、何をしていたいだろうか？　理想的な状態は、どのようなものか？　もし望む状況が何でも手に入るとしたら、それはどんなものだろう？

それを紙に書き留め、ビジネスに参加する仲間たちとお互いに見比べてみる。

Lesson4

□立ち上げ初期段階のビジネスは、予想の2倍の費用と時間がかかると考えて計画を立てる。すべての想像し得る不慮の事態に対応できるだけの、十分な資金を確保、あるいは調達しておく。そして、緊急事態に備えて、総予算の15%を予備費としてさらに追加する。

Lesson5

□ビジネスプランは、すべての起こりうる外的・内的な障害・困難を克服できるだけの強力なものでなければならない。外的な問題とは、資金不足、市場や経済・競合の変化などで、内的な問題とは、恐れや疑い、自尊心や自信の喪失、知識や経験不足などのことだ。

ビジネスプランは、パワフルなツールである。なぜなら、それは潜在意識に組み込まれ、行動を引き起こすからだ。それは、「理想の状態」を幻想のレベルから具体的な現実レベルに落とし込んでくれる。

プランを完成させたなら、やるべき主要なことは終わったも同然と言える。将来のビジョンはそこに明瞭に描かれたのだから。ビジョンを描くことが、未来を切り開く、はじめの一歩である。

Lesson6

□すべての成功しているビジネスは、そのベースにビジョンがある。現実世界でそれが成長していく前に、そのビジネスの成長と発展をくっきりと想像した人がいたのだ。成功した状態のビジョンに心を集中させ続ける。そうすれば、最終的にその成功のために必要な力が集まってくることだろう。

□ Lesson7

ビジネスにおいて、お金を稼ぐこと以上のより高い目的を持つ。高次の目的を持つと、あらゆる種類の力が集結し、目標の達成をサポートしてくれる。お金はビジネスにおいて必須のものだが、それは二次的なものだ。人は皆それぞれに、人生の目的を持っている。そして、その目的を達成するための独自の才能と能力を持っている。その目的を発見し、その目的に沿って人生をまっとうするために時間を使うことが重要だ。それをすれば、そうしたときにのみ、人生は満ち足りたものとなる。

Ｌｅｓｓｏｎ８

□逆境の一つひとつには、それと同等かそれ以上のチャンスの種子がふくまれている。それがビジョナリービジネスの鍵である。人生はいつも問題が山積みだが、それは同時にチャンスも山積みということだ。

Ｌｅｓｓｏｎ９

□悪い会社は存在しない。おろかな経営者が存在するだけだ。良い経営者はどんな状態の会社をも軌道修正し、成功に導くことができる。おろかな経営者はどんな会社をも潰してしまう。

失敗をイメージして、くよくよ考えてはいけない。成功したときの姿だけを思い描き続ける。一人で過ごす時間をできれば毎日つくり、夢が心の中で新鮮であり続けられるよう、目標を思い起こす。仕事を計画し、その計画を実行する。

Lesson10

□成功は、計画していたのとは違う道をたどるかもしれない。明瞭なプランをつくり、成功への明瞭な道筋を描くことは必要だ。しかし同時に、新しい問題や困難、そして機会や成功がおとずれたときに、そのプランを絶えず変更するだけの柔軟さも兼ね備えておくこと。5年後のビジネスは、今想像している姿とは全く違ったものに見えるかもしれない。

Lesson11

□社長や他のオーナー、従業員、その他の人たちの誰の利害よりも前に、まず会社の利害を最優先させる。会社を第一優先で面倒をみる。そうすれば、会社がオーナー、従業員、そして関わる多くの人たちを同様に面倒を見てくれるようになる。

Lesson12

□　雇用契約のガイドラインをつくる。気前よく従業員にメリットを与える。長期休暇、ウェルネスデー（健康休暇）、健康保険や歯科医療保険、企業年金プラン、そして利益分配制度。

利益に基づいて十分な額のボーナスを支払えば、すべての従業員がオーナーのように考え始める。十分な利益分配を従業員にしてあげる。そうすれば、会社は長期に渡って繁栄し、オーナーは利益を独り占めしたときよりも多くの報酬を受け取ることができる。これは、双方良しの利益分配制度である。必ずすべての従業員をその利益分配制度の対象にする。

利益を生み出し続けて何年か経ち、会社が十分な資金力をつけたなら、会社の株を従業員に与える従業員ストックオプション・プラン（ESOP）を設ける。すべての従業員が株主になれるようにしてあげる。

Lesson13

□成功を創り出すことができるのは自分だけであり、成功を阻害できるのも、また自分だけである。もし成功を思い描く力が疑いや恐れよりも強ければ成功する。願望が意志に変わったとき、目の前の障害の90％は溶解し、残りの障害を効果的に克服する力はすでに掌中にある。

Lesson14

□経営には二つのスタイルがある。「危機に対応する経営」と、「ゴールに導かれる経営」である。「危機に対応する経営」にとらわれた人たちは、日常の問題にばかり目を奪われ、一歩引いて大局的に状況を眺める余裕を全く持てない。夢を、具体的で達成可能なプランに落とし込む時間を持つ。そうすれば、魔法は起こる。あらゆる種類の力がやってきて、夢を実現するのを助けてくれる。

Lesson15

□所有には責任が伴う。会社のオーナーは従業員の幸福と周りの環境に対して責任を負う。もし人や地球を汚さずにビジネスをやれないようなら、そもそもそんなビジネスに携わるべきではない。

Lesson16

□利益の一部を、従業員や世の中の進化のために貢献している団体に気前よく寄付する。もし仮に、世の中の利益を生んでいるすべての会社が、利益のたった5％を環境や人助けのために貢献するNPOに寄付したとする。そのとき、世界中の飢餓をなくし、ホームレスに住まいを与え、地球全体をきれいにすることができるだろう。

Lesson17

□お金は人の価値を計る最終的な物差しではない。もっとはるかに重要なものがある。

それは、我々が送る人生の質である。つまり、周りの人たちとの接し方、環境の扱い方、他人にどれだけ与えることができたか、どれだけ愛や思いやりの気持ちを示したか、人生の目的をどれだけ吟味し、どれだけまっとうしたか、周りの人たちや地球にどれだけ積極的に貢献したか。そのようなことが人生において本当に重要なのだ。これらこそが、人の成功を計る真の物差しである。

Lesson18

□偉大なビジネス感覚を養うには、ペプシコのCEOの三つのルールに従うことが重要である。⑴変化を愛する――変化を愛することを学ぶか、さもなければ必ずやってくるその変化に抵抗して苦しむか、そのどちらかしかない。⑵ダンスを学ぶ――仕事における人間関係は、闘いではなくダンスのようであるべきだ。⑶J・エドガーフーバーを置き去りにする――良い人を雇い、彼らの責任を明確にする。そして、彼ら独自のやり方でそれを自由にやらせてあげる。

Lesson19

□その仕事に情熱を持って打ち込む人を雇う。職人とマネージャーと起業家の性質の違いを学び、心からやりたいことができるように、適切な人を雇う。彼らを大人として扱い、責任を与える。そうすれば彼らは大人として振舞い、責任感を持って仕事をする。

Lesson20

□すべての会社は、オーナーの意識を映し出している。人生を形づくった出来事を思い出し、それによってつくりあげた思い込みを発見することは、極めて重要なことである。もし否定的な思い込みを見つけたなら、すぐに手放してしまおう。なぜなら、それは真実ではないにも関わらず、それが真実だと信じると本当にそうなってしまうからだ。一人ひとりの中にある創造的な才能を引き伸ばしてくれるような肯定的な思い込みを開発するほうがはるかに重要で、人生はより良いものになる。人は何だってできる。もしそれを真実だと信じるならば、それを成し遂げる上で限界は何もない。

Lesson21

□与えれば与えるほど、より多くのものを与えられる。そしてそれはお金のことだけではない。満足や達成感、喜び、そして愛など、はるかにもっと重要なものを受け取ることができる。

Lesson22

□キリストの言葉は今日でも色あせずに輝きを放ち、心にとどめておくべきものだ。「求めよう、そうすれば与えられる」「探しなさい、そうすれば見つけられる」「扉を叩きなさい。そうすれば目の前に道は開かれる」「人に裁かれたくなければ、人を裁いてはいけない」「あなたの敵を愛しなさい」「右の頬を打たれたら、左の頬を出しなさい」「天国はどこか外にあるのではなくあなたの中にある」

Lesson23

□人生の問題をチャンスに変えるために、そしてより良い人生を送るために、大いなる力の存在に気づくことは重要なことだ。

夢のような人生を創り出すためにもっとも大切なことは、私たちが理解するところの神のことを思い浮かべ、その導きとひらめきに身をゆだねることだ。すべてを神にゆだねる。そして、細部を整えるのは神に任せる。神の意志は何かを尋ね続ける。そうすれば、ビジネスにおいて人生において、もっとも適切な道に進むように導かれる。

Lesson24

□できる限り、すべての人から、そして何からでも、ビジネスについて学び続ける。ビジネスを発明し続ける。それは決して終わることのないプロセスである。自分自身の成功を祝い、他人の成功もまたお祝いする。あなたの世界には、否定的な意味での競争相手や敵は存在し得ない。内なる声に従い、心からやりたいことをする。情熱を持って働き、情熱を持って生活すれば、全く自分独自のやり方でビジョナリービジネスを創り出すことができる。

Lesson25

□十分なお金と理解する心、創造性があれば、現在直面している世の中の主要な問題はすべて解決できる。そして、そのやり方を知りさえすれば、お金は無限に生み出すことができる。だから、本当に欠けているのは、理解する心と創造力なのだ。足りないのはビジョンだけだ。
たった一人のビジョンが世の中を変える。それはすでに過去に証明されてきた。今はそのような人物が一人だけではなく、何人も現れてきた。
平和と繁栄の時代に向かって、新たなルネサンスが起きはじめている。ビジョナリービジネスの究極の目的は、お金を稼ぐことではない。どんなことでも良いから、本当にやりたいこと、この世ですべきことをすることによって、世の中を変えることである。

訳者からのメッセージ――ビジョナリービジネスを実践するために

ビジョナリービジネス、いかがでしたでしょうか。

私が本書に出会ったときの衝撃は今でも覚えています。それは、私がコンサルタントとして独立してしばらくした頃、知人の紹介で勧められたのがきっかけです。27歳で独立して以来、試行錯誤の中、自分なりのコンサルティングのスタイルをつくり上げていたときでした。

本書を読み終わったとき、勇気と自信、そしてある種のシンクロニシティを感じていました。なぜなら、そこに書かれていた内容は、まさしく私が実践していたこととといくつも共通点があったからです。そのとき、「私が今やっていることは、間違っていないんだ。自信を持って進めて行こう」と確信しました。

それから数年が経ち、総合法令出版の竹下祐治さんとの食事中に、本書の邦訳が絶版になったこと、そして私が本書の内容にとても共感し、周りに紹介していることをお話ししたところ、「だったら、和仁さんが実際にコンサルティングで実践されている経験をもとに、翻訳し直してみませんか」と勧められたのです。

私はプロの翻訳家ではありませんので、はじめは少し躊躇しましたが、竹下さんの「実践者だからこそ伝わるところもある」という言葉に励まされ、翻訳作業にとりかかりました。そのプロセスは困難を極めましたが、その中で私が得た財産もたくさんありました。

この本を翻訳しながら、私は会社経営を成功させる上で大切なポイントが三つあると思いました。それは、ビジョンづくり、お金の流れの構造づくり、仲間づくりです。この三つをうまく連動させることが、ビジネスの成長発展において大切なことだと感じました。そして、私は開業以来、無意識のうちにこの三つを柱にして、そっくりそのままをコンサルティング活動に取り入れてきたことに気づかされたのです。

また、翻訳をするためには、必然的に一文ずつ吟味していくことになります。普通に読み流していたときには気づかなかった著者の意図や背景など、より深く理解し、さらに本書の深みを味わうことができました。

例えば、本書のKey11で紹介される、自分が望むトップ4のゴール、望み、夢を五つ角の星のそれぞれの角に書く「God's Will」というエクササイズは翻訳しながら私自身も行い、いつも目に触れる手帳に差し込みました。その1枚のシートは、つい仕事ばかりに偏りがちな私に、家庭や健康などとのバランスをとるべく、立ち止まるきっかけを与えてくれています。

著者のマーク・アレンは、出版社を起こしビジネスで大成功をおさめた人物ですが、本書からもわかるように、彼は常にビジネスの成功のみならず、それがまわりに与える影響について考えをめぐらせています。それは、豊かで愛情あふれる家庭生活であり、地域社会や地球の環境への配慮、そして世界中に存在する衣食住に苦しむ人々への手助け、あるいは夢の実現に向けて頑張っている人たちのサポートなど、広範囲にわたります。また、Key11では、神あるいは大いなる創造主の存在に気づかされるようなスピリチュアルな世界も語られています。このような大宇宙がおりなす自然の摂理をきちんと感じ取りながら仕事や人生を歩んでいくことが、永きにわたる繁栄をもたらすのだと気づかされます。
しかし、私たちは日常的には、目先のことに意識を奪われて一喜一憂することも少なくありません。この点においても本書は、ついミクロ的に、自己中心的に発想しそうになる私に警告を鳴らし、よりマクロな視点で世の中を見ることの大切さを教えてくれます。

ビジネスの組み立て方の面で、私が特に共感し、読者のみなさんにも受け取っていただきたいのは、Ｋｅｙ５で語られている次のくだりです。

・従業員に、大人として接しなさい。
・従業員に経営情報を与え、また話を聞きなさい。社長には知りえない重要な情報や考えを彼らは持っているから。
・そして利益を分配しなさい。ビジネスに関わる人たちを巻き込むのだ。

このスタンスで、ガラス張りでオープンな経営をしていくやり方は、一般的にオープンブック・マネジメントと呼ばれています。右肩上がりの順調な時代は、従業員には情報を隠して、トップダウンで「言われたとおりに動きなさい」というマネジメント法が主流でした。また、それが通用する時代でもありました。

しかし、今のように経営環境がどんどん変わり、お客様が望むことがめまぐるしく多様化している時代、そしてインターネットや携帯電話をはじめとする通信環境の発達で、従業員が簡単に情報を握るようになった時代においては、そのようなクローズドなやり方は、従業員の会社に対する不信感を助長させていきます。大企業の不祥事の大半が内部告発によるものという事実。何十年と繁栄を続けてきた名の知れた大企業が、内側から崩壊していく姿が、その証拠ではないでしょうか。

ただ、このガラス張りの経営は、いいことばかりではありません。やり方を間違えると社内に混乱を招いたり、社長が余計なストレスで大変な思いをすることがあります。そこで、そのような「踏んではいけない地雷」の存在について学びたい方は、ユメオカＬＬＰのＷＥＢサイト〈www.yumeoka.jp〉にアクセスしてください。私たちが長年のコンサルティング経験から発見したノウハウをまとめた無料レポートを入手できます。（ただし、

予告なく終了する場合があります）

さて本書には、かなり敷居の高い提案も含まれています。例えば、従業員ストックオプション制度（ＥＳＯＰ）や10％の寄付を奨励する話があります。いずれやってみたいと考えていますが、私自身、まだこれは実行していません。

ここで、読者のみなさんが本書のアイデアを実践される際に、一つお伝えしたいことがあります。それは、できることから一つずつやってみる、ということ。

一度にあれもこれもやろうとすると、ハードルが高くなって「結局、なに一つやらなかった」という結果になりがちですから。

本書の前半には、ビジネスプランの作り方がナビゲートされています。ビジネスを一から考えたい方は、ここから始めると良いでしょう。

著者は「ビジネスプランは、まず言葉で、次に数字で。その両面で書くことが大切である」と語っていますが、私も同意見です。つい、数字だけ、あるいは言葉だけ、になりがちです。しかし、まず理想の姿を言葉で描き、それを数字で裏付けするのがスムーズなやり方です。

ちなみに、経理や帳簿の専門的な勉強は、社長には不要だと私は考えています。ただ、ビジョンを数字で裏付けする際には、会社の中をお金がどのように入り、出て行くのかを全体として把握し、主要な数字をおさえておく必要があります。

そしてプランができたら、毎月のプラン（計画）・ドゥ（実行）・シー（見直し）のマネジメント・サイクルを回していく段階に入ります。プランは作りっぱなしにせず、定期的に見直しをして手を加えていくことが大切で、その習慣が私たちがビジョンに引き寄せられる際の助けになります。

本書に登場する、経験の浅い若い社長マークは、ベテランの投資家でありコンサルタントのバーニーのナビゲートを得ながら経営を進めていきます。このような二人三脚のスタイルは、これからの新しい経営のあり方として、ありなのではないかと私は感じています。

本書が、あなたがビジョナリーへの道に前進する一助となることを願っています。

2007年1月

ビジョナリーパートナー　和仁達也
http://www.wani-mc.com

「ビジョナリービジネス」読者のための特別プレゼント

「本書の内容を、自分のビジネスに取り入れたい」というあなたのために、訳者である和仁達也が、特別レポート「ビジョナリービジネスを今スグ実践するための3ステップ・レッスン」を執筆しました。

> ⇒5年後の「理想の状態」をありありとビジュアル化するには？
> ⇒自分がたくさんのお金を必要とする真の理由がわかる「God's will」のつくり方と日常での活用法
> ⇒言葉だけで地に足がついていないビジネス・プランに数字で裏付けをする簡単なコツとは？

など、和仁本人のサンプルも添えて解説をしています。

ご希望の方は、わたしのサイト＜ www.wani-mc.com ＞からアクセスし、ＰＤＦファイルを無料でダウンロードできます。本書とあわせてご活用いただければ幸いです。（ただし、この無料レポートのプレゼントは予告なく終了する場合があります。その際はご容赦ください）

ビジョナリーパートナー　和仁達也

マーク・アレンの推薦図書

マーク・アレンが推薦する書籍を下記に紹介します。原書は１９９５年に出版されたため、中には絶版になったものもありますが、中古で入手できる場合も考慮し、削除せずに掲載してあります。また、本書の日本での出版に伴い、マークが２００６年に新たに追加した推薦本（後半の６冊）も記載しました。

『As You Think』 by James Allen.

『The Perfect Life − Ten Principles and Practices to Transform Your Life』 by Marc Allen. 〈絶版〉

『Creative Visualization』 by Shakti Gawain.

『The Art of True Healing』 by Israel Regardie.

『Creating Affluence』 by Deepak Chopra.

『The Seven Spiritual Laws of Success』 by Deepak Chopra.

『The Message of a Master − A Classic Tale of Wealth, Wisdom and the Secret of Success』 by John McDonald.

『The Instant Millionaire』 by Mark Fisher.

『The Wonders of Solitude, edited』 by Dale Salwak. 〈絶版〉

『Work with Passion − How to Do What You Love for a Living』 by Nancy Anderson.

『Prospering Woman』 by Ruth Ross, Ph.D. 〈絶版〉

『Letters to My Son』 by Kent Nerburn.

『Tantra for the West − Everyday Miracles and Other Steps for Transformation』 by Marc Allen. 〈絶版〉

『The Power of Now』 by Eckhart Tolle.

『The Power of Partnership』 by Riane Eisler.

『The Architecture of All Abundance』 by Lenedra J. Carroll.

『A Visionary Life』 by Marc Allen.

『The Ten Percent Solution』 by Marc Allen.

『The Millionaire Course: A Visionary Plan for Creating the Life of Your Dreams』 by Marc Allen.

著者　マーク・アレン

作家・作曲家・起業家として世界的に著名な人物。

シャクティ・ガウェインと共にニューワールド・ライブラリー社を創設し、社長として、また編集者として、同社を資金のないスモールカンパニーから現在の大手出版社にまで育て上げた。

著書に、『The Type-Z Guide to Success』『The Millionaire Course』『A Visionary Life』そして『The Ten Percent Solution』などがある。

また音楽家・作曲家として、『Solo Flight』『Petals』『Breathe』など複数の音楽アルバムを発表している。

現在、北カリフォルニアの海辺の田舎で妻と二人の子供と共に暮らしている。

訳者　和仁達也（わに たつや）

経営者のビジョン実現化をサポートするビジョナリーパートナー。

１９９９年１月に開業。現在、（株）ワニマネジメントコンサルティング、および（株）ビジョナリープラネットの２社の代表、ならびにユメオカＬＬＰの会長を務める。

「ワクワク感動できるコンサルティング」をカンパニー・スピリッツに掲げ、中小企業に対して全国各地でコンサルティング活動やセミナーを行う。

「全員参加経営（オープンブック・マネジメント）」の導入支援に定評がある。

著書に『逆ザヤ社員が稼げる社員に変わる法』『脱★ドンブリ経営』（共にダイヤモンド社）『夢現力』（ゴマブックス）など。

好評配信中の無料メルマガ「ワニレポ」は多くの読者に勇気と気づきを与え続けている。

ホームページ　http://www.wani-mc.com

ビジョナリービジネス

2007年3月9日　初版発行

著　者　マーク・アレン
訳　者　和仁　達也
発行者　仁部　亨
発行所　総合法令出版株式会社
〒107−0052　東京都港区赤坂1−9−15
日本自転車会館2号館7階
電話　03−3584−9821㈹
振替　00140−0−69059
印刷・製本　中央精版印刷株式会社

ISBN978−4−86280−000−8